青少年探索文库
QingShaoNianTanSuoWenKu

世界著名品牌故事

石晶 张一 刘晓 编

吉林人民出版社

图书在版编目（CIP）数据

世界著名品牌故事 / 石晶, 张一, 刘晓编. — 长春
: 吉林人民出版社, 2010.10（2021.3重印）
（青少年探索文库）
ISBN 978-7-206-07101-0

Ⅰ.①世… Ⅱ.①石… ②张… ③刘… Ⅲ.①商品—
简介—世界—青少年读物 Ⅳ.①F76-49

中国版本图书馆CIP数据核字(2010)第192135号

世界著名品牌故事

著　　者：石　晶　张　一　刘　晓
责任编辑：王　斌
吉林人民出版社出版（长春市人民大街7548号　邮政编码：130022）
印　　刷：三河市燕春印务有限公司
开　　本：700mm×970mm　　1/16
印　　张：13　　　　　字数：110千字
标准书号：ISBN 978-7-206-07101-0
版　　次：2010年10月第1版　　印　　次：2021年3月第2次印刷
定　　价：39.00元

如发现印装质量问题，影响阅读，请与印刷厂联系调换。

目 录

可口可乐：第一品牌

可口可乐（Coca-Cola）被誉为全球最有价值的品牌，2008 年度被美国《商业周刊》评为"全球最佳品牌"，以 667 亿美元的品牌价值连续第八年独占鳌头。

作为今天全球最大的饮料公司，据统计，可口可乐公司出品的饮料每日在全球的销量超过 15 亿杯。虽然在同一领域内它也有不少的竞争对手，但可口可乐依然是世界上最畅销的碳酸饮料。

距可口可乐面世至今，它已经走过了 123 年的历史。1886 年，美国佐治亚州的亚特兰大市内，一位名叫约翰·彭斯顿的药剂师为试验一种新配方，挑选了几种特别成分，然后把它们混合加热配制成了一种新的糖浆，并将其储存在一个黄铜的三脚罐中。这种新糖浆出人意料地美味可口，于是彭斯顿将它带

到药房，用 5 美分一杯的价格出售。后来机缘巧合之下，药房的伙计在糖浆里加上了苏打水和冰块再卖给客人，结果受到了更热烈的欢迎。一种怡神畅快的饮料，就此产生了。彭斯顿的伙计还为这种全新的饮料取了个名字——Coca Cola，并书写设计了这个如今已闻名世界的商标。其实 Coca 和 Cola 是分别产自南美洲和非洲的两种植物，为饮料取这种名字当时并没有什么特殊的含义，只是合辙押韵，朗朗上口。很快，药剂所门口出现了"请喝可口可乐"的广告。独特的风味，引人入胜的广告词，使可口可乐问世之初就吸引了大批的顾客。

后来，彭斯顿将可口可乐的配方卖给了一个叫阿萨·坎德勒的商人。1892 年，专门生产和经营可口可乐的可口可乐公司成立。坎德勒可谓是一个市场天才，他使出种种新颖的手法推广产品甚至把装运可口可乐的大罐子刷成引人注意的红色。可口可乐开始遍布美国的同时，同样具有精明商业头脑的本·汤姆斯和约瑟夫·怀德用 1 美元的价格买下了可口可乐瓶装的权利，从此，可口可乐不再仅仅是装运在大罐子里用来成杯贩卖了。瓶装的可口可乐大受欢迎，越来越多的人开始喜爱上了这种爽口提神的新饮料。被誉为"可口可乐之父"的坎德勒流传下的一句名言也体现了可口可乐这一品牌的价值所在："即使我的企业一夜烧光，只要我的牌子还在，我就能马上恢复生产。"

在罗伯特·伍德鲁夫成为可口可乐公司新总裁之后，他的

目标不再是使可口可乐遍销北美，而是走向世界，他制定了"让任何人在任何地方、任何时候都能享用到冰爽的可口可乐"的理念。在他的领导下，世界各地可口可乐的瓶装工厂开始纷纷建立。据权威调查显示，整个 20 世纪内，全球最流行的三个词分别是上帝、她和可口可乐。在可口可乐遍及全球的今天，虽然公司的总部还是位于亚特兰大，但其 70%的产量和 80%的利润都来自美国本土以外。可口可乐开始真正地成为世界品牌。

003

如今，可口可乐享誉全球已是不争的事实，但可口可乐诞生以来的 100 多年间，其配方一直对外严格保密。法国一家报纸曾打趣道，世界上有三个秘密是为世人所不知的，那就是英国女王的财富、巴西球星罗纳尔多的体重和可口可乐的秘方。为了保住这一秘方，罗伯特·伍德鲁夫在 1923 年成为公司领导人时，就把保护秘方作为首要任务。当时，可口可乐公司表示，如果谁要查询这一秘方必须先提出申请，经由信托公司董事会批准，才能在有官员在场的情况下，在指定的时间内打开。截至 2009 年，知道这一秘方的只有不到 10 人。而在与合作伙伴的贸易中，可口可乐公司只向合作伙伴提供半成品，获得其生产许可的厂家只能得到将浓缩的原浆配成可口可乐成品的技术和方法，却得不到原浆的配方及技术。而这披着神秘面纱的配方，也成为可口可乐品牌文化的亮点之一。

作为可口可乐品牌文化的主题，"任何人在任何地方、任

何时候都能享用到冰爽的可口可乐"这一理念也始终贯彻可口可乐公司运营的每个环节，这从他们历年的广告宣传语中就不难看出，如：1905 年的"保持和恢复你的体力，无论你到哪里，你都会发现可口可乐"；1909 年的"无论你在哪里看到箭形标记，就会想到可口可乐"；1927 年的"在任何一个角落"；1949 年的"沿着公路走四方"……

为了使可口可乐形象深入人心，可口可乐公司不惜巨资大力投入广告宣传。可口可乐前任总裁伍德鲁夫曾经说过："可口可乐 99.6% 是碳酸、糖浆和水。如果不进行广告宣传，还有谁去喝它呢？"如今在世界各地，只要稍加注意，就不难看到可口可乐标志性的红色广告与品牌标志。可口可乐这一品牌在全球的流行及它至尊无上的价值地位，也是和它强大的宣传攻势密不可分。

宝洁：日化王国

美国宝洁公司 (P&G，Procter& Gamble) 是世界最大的日用消费品公司之一，全球雇员近 10 万，在全球 80 多个国家设有工厂及分公司，所经营的 300 多个品牌的产品畅销 160 多个国家和地区。

宝洁的历史始于 1837 年，公司是由英格兰移民威廉·波克特 (WilliamProcter) 和爱尔兰移民詹姆斯·甘保 (JamesGamble) 共同创立的。——1937 年 8 月，波克特和甘保双方各出资 3 596.47 美元，正式确立合作关系，并于 10 月 31 日签订合伙契约，在辛辛那提市成立宝洁公司 (Procter&Gamble，以两个合伙人的名字命名)。值得一提的是，这二人之前都在美国的辛辛那提市从事蜡烛制造生意，后又凑巧分别娶了两姐妹，他们是在岳父的说服下成为合伙人，开始共同生产

肥皂和蜡烛的。

20 世纪初期，为了满足日益增长的国内市场需求，宝洁公司开始在辛辛那提以外设厂。1915 年，宝洁首次在美国以外的加拿大建立生产厂。到 1931 年，宝洁公司创立了专门的市场营销机构，由一组专门人员负责某一品牌的管理，而品牌之间存在竞争。这一系统使每一品牌都具有独立的市场营销策略，宝洁的品牌管理系统也正式诞生。1933 年，由宝洁赞助播出的电台系列剧 "MaPerkins" 在全美播出，大受欢迎，"肥皂剧"也因此得名并流传开来，公司于是赞助播出更多的"肥皂剧"，"肥皂剧"的忠实听众也同时成为宝洁产品的忠实用户。到 1937 年，宝洁创立 100 周年纪念时，公司的年销售额已达到了 2 亿多美元。

1946 年，宝洁推出被称作"洗衣奇迹"的 Tide (汰渍)。汰渍采用了新的配方，洗涤效果比当时市场上所有其他产品都好。卓越的洗涤效果及合理的价格使汰渍于 1950 年成为美国第一的洗衣粉品牌。它的成功为公司积累了进军新产品系列以及新市场所需的资金。在汰渍推出后的几年里，宝洁开拓了很多新的产品领域。第一支含氟牙膏佳洁士得到美国牙防协会首例认证，很快就成为首屈一指的牙膏品牌。公司的纸浆制造工艺促进了纸巾等纸制品的发展，宝洁发明了可抛弃性的婴儿纸尿片，在 1961 年推出帮宝适。公司原有业务的实力不断加强，同时开始进军食品和饮料市场——最重要的举措是于 1961 年

收购了 Folger′s 咖啡。为拓展全球业务，宝洁开始在墨西哥、欧洲和日本设立分公司。到 1980 年，宝洁公司在全世界 23 个国家开展业务，销售额直逼 110 亿美金，利润比 1945 年增长了 35 倍。

1980 年，宝洁已发展成为全美最大的跨国公司之一。通过收购 Norwich Eaton 制药公司 (1982)，Rechardson-Vicks 公司 (1985)，公司活跃于个人保健用品行业；通过 80 年代末、90 年代初收购了 Noxell、Max Factor、Ellen Betrix 公司，宝洁在化妆品和香料行业开始扮演了重要角色。这些收购项目也加快了宝洁全球化的进程。为了充分发挥跨国公司的优势，宝洁建立了全球性的研究开发网络，研究中心遍布美国、欧洲、日本、拉美等地。

关于品牌，宝洁的原则是：如果某一种类的市场还有空间，最好那些"其他品牌"也是宝洁公司的产品。因此它不仅在不同种类产品设立品牌，在相同的产品类型中，也大打品牌战。比如宝洁旗下的洗发水品牌就有"飘柔"、"海飞丝"、"潘婷"、"伊卡露"、"润妍"、"沙宣"等等。这些品牌的产品使用效果和功能相近，广告的诉求和价位也基本相同，普通消费者基本无法区分，但这几大品牌竞争激烈，便使其他公司望而生畏，很难再插足这一领域。

宝洁还奉行多品牌的市场策略，这让它在各产业中都拥有极高的市场占有率。在包括洗发、护发、护肤用品、化妆品、

婴儿护理产品、妇女卫生用品、医药、食品、饮料、织物、家
居护理及个人清洁用品等产品线上，宝洁都拥有驰名品牌。
——宝洁公司恐怕是世界上拥有知名品牌最多的公司了。

迪士尼：一切始于一只老鼠

　　世界上第一家把动画搬上银幕的电影公司——迪士尼兄弟动画片制作公司于 1923 年在好莱坞正式成立。在不到百年的时间里，迪士尼创造了一系列深入人心的动画形象，如今，迪士尼这一品牌不仅代表着世界动画界的垄断者地位，而且还是全球最强有力的多媒体巨头之一。

　　迪士尼全称为 The Walt Disney Company，而 Walt Disney 即为华特·迪士尼，人们口中的"米老鼠之父"。当年年轻的华特踏入好莱坞的时候，电影仍处在默片阶段，而动画片只不过是摆在电影开演前的短篇助兴节目。住在单身公寓的沃尔特凭着自身的创意和对动画片的信心起家，用 3 200 美元注册成立了"迪士尼兄弟动画制作公司"。

　　真正让迪士尼这一品牌声名大噪的，是"米老鼠"诞生的

1928 年。当时华特和设计师们一起讨论，如何创作一个更可爱的动画形象。之前，迪士尼曾经创作过一只叫奥斯瓦尔德的长耳朵动画兔形象，很受欢迎。他们把奥斯瓦尔德画在纸上，然后开始修改：先把尾巴变短、变圆，再修改耳朵和脚……不一会儿，一个可爱的老鼠形象就跃然纸上了！华特眼前一亮，就是这只小老鼠！他的夫人莉莉连恩马上给它起了个响亮的名字"Mickey Mouse"——米老鼠。

1928 年电影界已开始步入有声时代，华特首先尝试了为动画人物配上声音。作为电影史上的第一部有声动画片，以米老鼠为主演的电影《汽船威利号》于 1928 年 11 月 18 日在纽约市举行隆重首映。而米老鼠不仅让沃尔特首次尝到了名利双收的滋味，也由此成为迪士尼王国中最受人欢迎的动画形象之一。自此，迪士尼的业务开始步入了正轨。1932 年，华特又率先推出了电影史上的首部彩色动画片《花与树》，而他创作的一系列动画"人物"唐老鸭、高飞、布鲁托……也迅速风靡全美，家喻户晓。

迪士尼的动画电影可以划分为经典动画、真人动画、计算机动画、模型动画、电影版动画等类型，其中的经典动画成为迪士尼最主要的象征。开创这种局面的第一部经典动画就是 1937 年发行的动画长片，著名的《白雪公主和七个小矮人》。这部最经典的迪士尼电影集众多荣耀于一身，作为世界上第一部有剧情的长篇动画电影，同时也是世界上第一次发行电影原

声音乐唱片、第一部使用多层次摄影机拍摄的动画，还是世界第一部举行隆重首映式的动画电影，并获得奥斯卡特别成就奖。

20 世纪 50 年代，迪士尼的发展迈入了黄金时代。作为战后动画王国的揭幕之作，1950 年的《仙履奇缘》无疑是迪士尼电影的一部经典之作。之后，迪士尼又推出《爱丽丝梦游仙境》、《小飞侠》等颇受欢迎的童话题材。在短短的 10 余年中，迪士尼几乎拍遍了所有的童话题材，无论是以王子、公主为题材的《睡美人》、以动物角色为主角的《101 斑点狗》，还是改编自历史传奇的《石中剑》，无一不受人青睐，处处都显示出了动画取材的多元性和华特的远见卓识。

可以说，迪士尼令动画电影从此不仅仅是儿童娱乐的一种形式，也开始成为主流的电影形态。迪士尼公司从此成为动画电影的龙头大哥，领导了动画电影的潮流。

在动画及电影方面取得的巨大成功，并没有阻碍沃尔特前进的脚步，因为他心中的最终目标是建立一个以迪士尼为中心的娱乐王国。1955 年，迪士尼把动画片所运用的色彩、刺激、魔幻等表现手法与游乐园的功能相结合，在位于西海岸的洛杉矶推出了世界上第一个现代意义上的主题公园——迪士尼乐园。所谓主题公园，就是园中的一切，从环境布置到娱乐设施都集中表现一个或几个特定的主题。迄今为止全球已建成的迪士尼乐园有 5 座，分别位于美国洛杉矶和奥兰多，以及日本东

京、法国巴黎和中国香港。迪士尼乐园已发展成全球各国男女
老幼各享其乐的游乐胜地，而最初的洛杉矶乐园也已成为世界
各地的迪士尼迷们心目中的胜地。

经过数十年的发展，迪士尼已经迅速膨胀成为国际娱乐界
的巨子，作为全球知名的娱乐品牌，除了电影外，它现今的主
要业务还包括了娱乐节目制作、主题公园、玩具、图书、电子
游戏和传媒网络。点石成金电影公司，Miramax 电影，好莱坞
电影公司（公司名），博伟音像制品，ESPN 体育，ABC 电视
网都是其旗下的品牌。

IBM：蓝色巨人

IBM，国际商业机器公司（International Business Machines Corporation，首字母缩略字 IBM），1911 年创立于美国，是全球最大的信息技术和业务解决方案公司，其业务遍及 170 多个国家和地区。在过去的 90 多年里，世界经济不断发展，现代科学日新月异，IBM 始终以超前的技术、出色的管理和独树一帜的产品领导着全球信息工业的发展，保证了世界范围内几乎所有行业用户对信息处理的全方位需求。

IBM 是不可否认的 IT 界全球第一巨头，它在过去半个多世纪中遥遥领先，与第二名拉开极大的距离，人称"蓝色巨人"。长久以来，IBM 就是计算机的代名词，甚至有人说，IBM 的历史就是一部计算机的历史。美国《时代周刊》称："IBM 的企业精神是人类有史以来无人堪与匹敌的……没有任

何企业会像 IBM 公司这样给世界产业和人类生活方式带来和将要带来如此巨大的影响。"就连比尔·盖茨也不得不承认："IBM 才是计算机行业的真正霸主，毕竟是它一手栽培了我。"

IBM 的历史可以追溯到电子计算机发展前的几十年，在电子计算机发展之前，它的主要业务为商用打字机，后转为文字处理机，然后才到计算机和有关的服务。二战期间，IBM 生产了 M1 卡宾枪和勃朗宁自动步枪，同时为盟军提供设备做军事计算、后勤和其他军需之用，生产线逐渐扩大。战争年代里，IBM 迈出了跨入计算领域的第一步——1944 年，IBM 公司向哈佛大学赠送其首台大型计算机（自动顺序控制计算机，也被称为 MarkI）。1951 年，IBM 开始决定开发商用电脑，聘请冯·诺依曼担任公司的科学顾问，并于 1952 年 12 月研制出 IBM 第一台存储程序计算机，也是通常意义上的电脑，它叫 IBM701，这是 IT 历史上一个重要的里程碑。

90 年代开始，IBM 在人们日常生活中扮演着越来越重要的角色，1971 年，IBM 公司生产的计算机引导阿波罗 14 号和阿波罗 15 号宇宙飞船肩负着人类的使命，成功登月。1981 年，哥伦比亚号航天飞机又承载着 IBM 的智慧成功地飞上了太空，并在这一年，IBM 开创了其历史上的新纪元：由于 IBM—PC，IBM 商标开始进入家庭、学校、中小企业，Intel 和微软的霸业也在此萌芽。

如今，IBM 作为计算机产业长期的领导者，其创立的个人

计算机 (PC) 标准，至今仍被不断的沿用和发展。另外，IBM 还在大型机、超级计算机（主要代表有深蓝和蓝色基因）、U-NIX、服务器方面处于业界的绝对领先水平。

软件方面，IBM 软件部 (Software Group) 整合有五大软件品牌，包括 Lotus（桌面办公、协作、门户），WebSphere（应用服务器、信息集成、应用开发），DB2（数据库管理系统、内容管理、商业智能、数据仓库、数据挖掘），Rational（软件工程、软件生命周期管理、企业资产组合管理、应用开发），Tivoli（系统管理、性能监控、调优、网格计算），并在各自方面都是软件界的领先者或强有力的竞争者。一直到 1999 年以后，微软的总体规模才超过 IBM 软件部。截止目前，IBM 软件部也是世界第二大软件实体。

IBM 还在材料、化学、物理等科学领域有很大造诣。硬盘技术即为 IBM 所发明，扫描隧道显微镜 (STM)、铜布线技术、原子蚀刻技术也为 IBM 研究院发明。——IBM 目前保持着"拥有全世界最多专利"的地位，IBM 研发人员至今累计荣获专利共 50 000 余项，这一记录史无前例，远远超过 IT 界排名前十一的其他美国企业所取得的专利总和。仅 2008 年一年，IBM 公司的全球营业收入达到 1 036 亿美元，在美国共计注册4 186 项专利，成为美国历史上首家在单一年度专利注册数量超过 4 000 项的公司，这也是 IBM 连续第 16 年蝉联美国专利榜榜首。

微软：软件开发向导

　　微软（Microsoft）公司是世界计算机软件开发的先导，比尔·盖茨与保罗·艾伦是它的创始人。公司目前在 60 多个国家设有分支，全世界雇员人数近 91 000 人——"Microsoft"一词由"micro"和"soft"两部分组成。"micro"的意思是"微小的，微型"，"soft"的意思是"软的，柔软的，软件"。

　　1975 年，作为高中校友的比尔·盖茨和保罗·艾伦一起卖 BASIC（常译作"培基"，意思就是"初学者的全方位符式指令代码"，是一种给初学者使用的程序设计语言），他们在阿尔伯克基的一家旅馆房间里创建了微软公司。1977 年，微软公司搬到西雅图，在那里继续开发编程软件。微软创立初期，以销售 BASIC 解译器为主。当时的计算机爱好者也常常自行开发小型的 BASIC 解译器并免费分发，然而，由于微软是少数

几个 BASIC 解译器的商业生产商，很多家庭计算机生产商都在其系统中采用微软的 BASIC 解译器。随着微软 BASIC 解译器的快速成长，制造商开始采用微软 BASIC 的语法以及其他功能以确保与现有的微软产品兼容。正是由于这种循环，微软 BASIC 逐渐成为公认的市场标准，公司也逐渐占领了整个市场。

1980 年，IBM 公司选中微软公司为其编写关键的操作系统软件，这是微软发展中的一个重大转折点。由于时间紧迫，程序复杂，微软公司以 5 万美元的价格从西雅图的一位程序编制者手中买下了一个操作系统 QDOS（DOS 是 Disk Operating System 缩写，意为磁盘操作系统）的使用权，在进行部分改写后提供给 IBM，并将其命名为 Microsoft DOS。MS-DOS 在很多家公司被特许使用，因此 80 年代，它成了标准的操作系统。1983 年，微软与 IBM 签订合同，为 IBM 提供 BASIC 解译器，还有操作系统。到 1984 年，微软公司的销售额超过 1 亿美元。

今天，微软公司的软件代表产品 Windows95、Windows98、WindowsNT、Windows2000、WindowsMe、WindowsXP、WindowsVista 等成功地占有了从 PC 机到商用工作站甚至服务器的广阔市场，为微软公司带来了丰厚的利润。90 年代中期，微软开始将其产品线扩张到计算机网络领域。微软在 1995 年推出了在线服务 MSN (Microsoft Network，微软网络)。1996 年，微软以及美国的广播业巨擘 NBC (国家广播公

司) 联合创立了 MSNBC，一个综合性的 24 小时新闻频道以及在线新闻服务供应商。1997 年末，微软收购了 Hotmail，最早以及最受欢迎的 webmail 服务商。Hotmail 被重新命名为 MSNHotmail，并成为 NETPassport——一个综合登入服务系统的平台。公司在 Internet 软件方面抢占了大量的市场份额，可以说是后来居上。以致在 IT 行业流传着这样一句话："永远不要去做微软想做的事情。"可见，微软的巨大潜力已经渗透到了软件界的方方面面，简直是无孔不入，所向披靡。

微软开发的多种软件产品，包括操作系统、办公软件、程序设计语言的编译器以及解译器、互联网客户程序等，这些产品中有些十分成功，有些则不太成功。从中人们发现了一个规律：虽然微软产品的早期版本往往漏洞百出，功能匮乏，并且要比其竞争对手的产品差，之后的版本却会快速进步，并且广受欢迎。今天，微软公司的很多产品在其不同的领域主宰市场。

微软产品的主要优点是它的普遍性，让用户从所谓的网络效应中得益。例如，Microsoft Office 的广泛使用使得微软 Office 文件成为文档处理格式的标准，这样几乎所有的商业用户都离不开 Microsoft Office。微软的软件也被设计成容易设置，允许企业雇佣低廉、水准并不太高的系统管理员，微软的支持者认为这样做的结果是下降了企业运营的"拥有总成本"。

虽然微软总体上是一家软件公司，它也生产一些电脑硬件产品，用来支援其特殊的软件商品。早期的一个例子是微软鼠标，它是用来鼓励更多用户使用微软操作系统的。——鼠标的流行帮助更多用户开始使用 Windows。微软还确立了 Intel-liMouse（中键带滚轮的鼠标）鼠标标准，新增的滚轮方便了用户在浏览网页时上下翻页。

很长一段时间内，微软被广泛认可为一个计算机软件市场上的"乖小孩"，它提供低廉的软件以取代原先价格高昂的产品，当然微软也因此大大获利，比尔·盖茨更是多年蝉联全球富豪榜榜首。然而，即使是在早期，微软就曾被指责，故意将其 MS-DOS 设计成与竞争对手生产的 Lotus1-2-3 数据表无法兼容。到 90 年代，微软是"坏小孩"的看法日益增多。主要的批评意见是他们的 Windows 产品有效地垄断了桌面电脑操作系统市场——几乎所有市场上出售的个人电脑都预装有微软的 Windows 操作系统。但无论微软是否是垄断企业，可以肯定的是，电脑软件市场，微软都是占主导地位的品牌企业。

Intel：创新改变世界

  Intel Corporation（英特尔公司）是全球最大的半导体芯片制造商，它成立于 1968 年，具有 40 余年产品创新和市场领导的历史。1971 年，英特尔推出了全球第一个微处理器，这一举措不仅改变了公司的未来，而且对整个工业产生了深远的影响。可以说，微处理器所带来的计算机和互联网革命，改变了整个世界。

  作为全球信息产业的领导公司之一，英特尔公司在客户机、服务器、网络通讯、互联网解决方案和互联网服务方面，为日益兴起的全球互联网经济提供建筑模块，包括微处理器、芯片组、板卡、系统及软件等。这些产品为标准计算机架构的组成部分，业界利用这些产品设计制造出先进的计算机。今天，互联网的日益发展不仅正在改变商业运作的模式，而且也

改变着人们的工作、生活、娱乐方式，成为全球经济发展的重要推动力。作为行业巨头，Intel 一直在为推动计算机行业的发展做出不懈努力，可以说，Intel 与微软的发展方向便是 IT 行业的发展方向。

1968 年 7 月 18 日，罗伯特·诺宜斯和戈登·摩尔的新公司在美国加利福尼亚州开张，并在成立不久后斥资 15000 美元从其他公司手中买下了 Intel 名称的使用权。由此 Intel 这位半导体巨人开始了他在 IT 行业传奇般的历史。

1971 年 11 月 15 日，这一天被作为全球 IT 界具有里程碑意义的日子，而被写入许多计算机专业教科书。——Intel 公司的工程师霍夫发明了世界上第一个微处理器 4004，这款 4 位微处理器虽然只有 45 条指令，而且每秒只能执行 5 万条指令，但它的集成度却要高很多，而且一块 4004 的重量还不到一盎司；1981 年是 Intel 发展史上具有重要意义的一年，Intel 销售工程师维斯顿维 Intel 的 8088 处理器找到了一位重要的客户——蓝色巨人 IBM，在随后 IBM 制造的个人电脑中，开始使用 Intel 的 8088 微处理器作为其核心处理器。Intel 从此名声大振，《财富》杂志也把 Intel 列为在商业上取得最为巨大成功的 17 个企业之一。

随着 Intel 的发展，其研发实力也不断的增强，早期 80X86 系列微处理器已经不能满足人们的要求了。而 Intel 在忙于研发下一代处理器时发现，它最终不可能取得用数字注册

商标，于是决定使用一个好听而且更容易被注册的名字来命名它的下一代微处理器，这个名字就是 Pentium（奔腾）。1993年，具有里程碑意义的 IntelPentium 处理器正式发布，宣布个人电脑开始进入多媒体时代。

2003 年 3 月，Intel 有史以来首次发布一种完整的计算解决方案——迅驰移动计算技术，此次发布可以看做是 Intel 全面进军移动便携式电脑的先兆。微处理器的发展一直在遵循着摩尔定律，始终没有违背，但正是按照定律和目前的研发速度，专家们推断目前的微处理器生产技术即将面临一道难以逾越的鸿沟。Intel 似乎看到了处理器发展举步艰难。因此再次敞开了广博的胸襟，把臂膀伸向自己尽可能触及的芯片制造领域中，迅驰移动技术也成了 Intel 叩开未来之门的敲门砖。

2006 年 1 月 4 日，英特尔正式发布了全新品牌标识，其中还包括一句新的宣传标语："Intel.Leapahead (超越未来)。"这一新品牌标识是对在 1991 年创建并被广泛认可的 IntelInside 标识和原有的英特尔"dropped-e"（下沉 e）标识进行修改。新标语代表了英特尔独有的品牌承诺，旨在传达英特尔公司发展的源动力以及英特尔公司所追求的永无止境、超越未来的目标。

万宝路：最具价值的香烟品牌

在全球消费者心目当中，万宝路（Marlboro）无疑是知名度最高和最具魅力的国际品牌之一。从销售而言，全球平均每分钟消费的万宝路香烟就达 100 万支之多。无论是否吸烟，万宝路的品牌形象和魅力都给人留下深刻的印象，令人难以忘怀。

风靡全球的万宝路香烟于 1854 年以一小店起家，1908 年正式以品牌 Malboro 形式在美国注册登记，1919 年才成立菲利普·莫里斯公司。如今，菲利普·莫里斯公司已经成为世界上最大的包装食品公司和最大的卷烟生产公司，世界第二大啤酒生产企业，美国最大的食品生产公司。而公司之所以有如今的规模，万宝路香烟可以说是居功至伟。

在万宝路创业的早期，其定位是女士烟，针对的消费者也

绝大多数是女性。而 "Marlboro" 其实是 Man always remember lovely because of romanti conly" 的缩写，意为 "男人们总是忘不了女人的爱"。其广告口号是：像五月天气一样温和。这些，都是为了争取女性消费者。可是事与愿违，尽管当时美国吸烟人数年年都在上升，但万宝路香烟的销路却始终平平。女士们抱怨香烟的白色烟嘴会染上她们鲜红的口红，很不雅观。于是，莫里斯公司把烟嘴换成红色。可是这一切都没有能够挽回万宝路女士香烟的命运。莫里斯公司终于在 40 年代初被迫停止生产万宝路香烟。

二战后，美国吸烟人数继续增多，但在 50 年代，读者文摘刊登多篇文章，指吸烟与肺癌有关，多间香烟厂开始推出有过滤嘴的香烟，万宝路也把最新问世的过滤嘴香烟重新搬回女士香烟市场并推出三个系列：简装的一种，白色与红色过滤嘴的一种以及广告语为 "与你的嘴唇和指尖相配" 的一种。当时美国香烟消费量达 3 820 亿支一年，平均每个消费者要抽 2 262 支之多，然而万宝路的销路仍然不佳，吸烟者中很少有人抽万宝路的，甚至知道这个牌子的人也极为有限。

在一筹莫展中，1954 年莫里斯公司找到了当时非常著名的营销策划人李奥·贝纳，交给了他这个课题：怎么才能让更多的女士购买消费万宝路香烟？在对香烟市场进行深思熟虑的分析调研之后，李奥·贝纳完全突破了莫里斯公司限定的任务和资源，对万宝路进行了全新的 "变性手术"，大胆向莫里斯

公司提出：将万宝路香烟改变定位为男子汉香烟，变淡烟为重口味香烟，增加香味含量，并大胆改造万宝路形象：包装采用当时首创的平开盒盖技术并以象征力量的红色作为外盒的主要色彩。经李奥·贝纳策划后，万宝路广告的重大变化是：不再以妇女为主要对象，而是用硬铮铮的男子汉。在广告中强调万宝路的男子气概，以吸引所有爱好追求这种气概的顾客。公司开始用马车夫、潜水员、农夫等做具有男子汉气概的广告男主角。但这个理想中的男子汉最后还是集中到美国牛仔这个形象上：一个目光深沉、皮肤粗糙、浑身散发着粗犷、豪气的英雄男子汉，在广告中袖管高高卷起，露出多毛的手臂，手指总是夹着一支冉冉冒烟的万宝路香烟。这种洗尽女人脂粉味的广告于1954年问世，它给万宝路带来巨大的财富。

这是迄今为止最为成功和伟大的营销策划，由于李奥·贝纳突破资源和任务的大胆策划，彻底改变了莫里斯公司的命运，在万宝路的品牌策略按照李奥·贝纳的策划思路改变后的第二年（1955年），万宝路香烟在美国香烟品牌中的销量便一跃上升到第10位，之后更扶摇直上，1968年其市场占有率上升到全美同行的第二位，1975年，万宝路摘下美国卷烟销量的桂冠。80年代中期，万宝路成为世界烟草业的领军品牌。现在，万宝路每年在世界上销售香烟3 000亿支，用5 000架波音707飞机才能装完。世界上每抽掉4支烟，其中就有一支是万宝路。

　　是什么使名不见经传的"万宝路"变得如此令人青睐了呢？美国金融权威杂志《富比世》专栏作家布洛尼克1987年与助手们调查了1 546个"万宝路"爱好者。调查表明：许多被调查者明白无误地说他喜欢这个牌子是因为它的味道好，烟味浓烈，使他们感到身心非常愉快。可是布洛尼克却怀疑真正的使人着迷的不是万宝路与其他香烟之间微乎其微的味道上的差异，而是万宝路广告给香烟所带来的感觉上的优越感。布洛尼克做了个试验，他向每个自称热爱万宝路味道品质的万宝路瘾君子以半价提供万宝路香烟，这些香烟虽然外表看不出牌号，但厂方可以证明这些香烟确为真货，并保证质量同商店出售的万宝路香烟一样，结果只有21%的人愿意购买。布洛尼克解释这种现象说："烟民们真正需要的是万宝路包装带给他们的满足感，简装的万宝路口味质量同正规包装的万宝路一样，但不能给烟民带来这种满足感。"调查中，布洛尼克还注意到这些万宝路爱好者每天要将所抽的万宝路烟拿出口袋20—25次。万宝路的包装广告所赋予万宝路的形象已经像服装、首饰等各种装饰物一样成为人际交往的一个相关标志。而万宝路的真正口味在很大程度上是依附于这种产品所创造的美国牛仔形象之上的一种附加因素。这正是人们真正购买万宝路的动机。

牛津：世界大学之冠

　　牛津市从公元 7 世纪开始就有人居住，到公元 912 年，它已成为英格兰的战略要地之一。"津"意为渡口，泰晤士河和柴威尔河在此汇合，因为当时河水不深，用牛拉车即可涉水而过，牛津便由此得名。现在两地河流依然，原来的桥和牛车涉水过河的痕迹早已消失，但牛津桥却越来越多地吸引着世界各地的来访者和游客，而世界一流学府牛津大学（University of Oxford），更是许多人造访牛津的最重要原因。

　　牛津大学是英语国家中最古老的大学。在 12 世纪之前，英国是没有大学的，人们都是去法国和其他欧陆国家求学。这种情况一直持续到 1167 年。当时的英格兰国王同法兰西国王发生争执，英王一气之下，把寄读于巴黎大学的英国学者召回，禁止他们再去巴黎就读。另一说法是，法王一气之下把英

国学者从巴黎遣回。事实如何已不可考，不过可以确定的是，这些学者从巴黎回国后，开始聚集于牛津，从事经院哲学的教学与研究。人们开始把牛津作为一个"总学"，这实际上就是牛津大学的前身。而学者们之所以会聚集在牛津，是由于当时亨利二世把他的一个宫殿建在牛津，学者们为取得国王的保护，就来到了这里。至12世纪末，牛津大学已成规模，13世纪中期之后牛津大学各个学院陆续成立，开始了牛津大学的璀璨岁月。

19世纪以前的英国，仅有牛津和剑桥两所大学，而剑桥大学也是13世纪初由牛津的部分师生创办的。作为英国历史最悠久，也最富盛名的两所大学，剑桥、牛津渊源极深，学制规定也十分类似：大学由许多学院组成，每个学院为独立自主的教学机构，提供学生课业及生活上的指导。经过文艺复兴的洗礼和现代化的进程，今天的牛津大学已发展成一个包含30多个学院，1万多名学生的综合性大学。牛津在心理学、生物学和法律、工程学、社会科学、经济、哲学、历史、音乐、化学、生物化学、文学、法语、德语、丹麦语、数学、物理、地球科学上均是行内之翘楚。

牛津大学以自然科学、应用经济科学和商务管理哲学三大领域的不断进取与创新成就，享誉世界，同时也以丰富多样的教学方法声名远扬。阅读、实验、导师辅导等多种方法结合，尊重学习规律、调动学生学习热情相配合，培养出了一代代堪称天之骄子的牛津精英。牛津大学的课程，无论是文科还是理科，都可获得文学学士学位或相应的荣誉学位。在牛津，是由导师自己挑选学生，学生经过 3 年的学习，取得学士学位。近年来，牛津还设有两种以上的学科结合在一起的科目，如哲学和数学、古典文学和现代文学等，充分体现了当今学术领域多角度、多边缘，急需资源共享的潮流和趋势。

在重视传统及阶级意识的英国社会中，牛津、剑桥的毕业生一直拥有较高的社会地位及较多的鱼跃龙门的机会。就如人们所说的："一张牛津文凭在手，足以笑傲天下。"可见牛津大学在英国人眼中声望之高。其巨大的影响力无远弗届，包括政界、人文及艺术界。在英国历届的 49 位首相中，就有 25 位毕业于牛津。其著名校友更不乏各国知名人士，如美国前任总统克林顿、哈雷彗星发现者哈雷，经济学家亚当·斯密，著名诗人作家雪莱等等，不胜枚举。毫不夸张的说，牛津对人类文明的进步做出了不可忽视的贡献。

剑桥：古朴庄严的教育殿堂

剑桥大学（University of Cambridge），世界顶级大学之一，成立于 1209 年，据说最早是由一批为躲避殴斗而从牛津大学逃离出来的学者建立。亨利三世国王在 1231 年授予剑桥教学垄断权。今天剑桥大学和牛津大学（University of Oxford）齐名为英国的两所最优秀的大学，被合称为"Oxbridge"（牛剑），并肩世界十大学府之列。

剑桥大学所处的剑桥（Cambridge）是一个拥有 10 万居民的英国小镇，距伦敦不到 100 公里。镇中有一条河流穿过，被命名为"剑河"（River Cam，也译作"康河"）。这是因为早在公元前 43 年，古罗马士兵就驻扎在剑河边，后来还在剑河上建起了一座大桥，这样，河名和桥加在一起，就构成了"剑桥"这一地名。在漫长的岁月里，剑桥只是个乡间集镇而已。

直到剑桥大学成立后，这个城镇的名字才渐为人所知。剑桥大学的各学院分散在全城各处，没有通常意义上的完整校园，但是又可以说整个剑桥市都是它的校园。因为市中心几乎被学院所包围，好像成了剑桥的生活区。

剑桥大学的第一所学院彼得学院于 1284 年建立，其他的学院在 14 世纪和 15 世纪陆续建立。如今剑桥共有 35 所学院，包括三个女子学院，两个专门的研究生院，各个学院历史背景不同，它们实行独特的学院制，都是独立的教学机构，享有很大的自治权。剑桥大学实际上只是一个组织松散的学院联合体，而各学院虽高度自治，不过都遵守统一的剑桥大学章程，该章程是由大学的立法结构起草通过的，每年还会修订。剑桥大学还负责考试与学位颁发，而招收学生的具体标准则由各学院自行决定。各学院自行决定录取学生，并对学生和教职人员的福利及教学自主安排，他们甚至可以任命自己的研究员或教授。

今天的剑桥在许多学科领域都有很好的成绩，不过直到 19 世纪早期，数学一直是剑桥的最强项，而且当时数学是所有学生的必修课。数学毕业考试是所有考试中最难的，但因此也产生了英国科学史上几个最响亮的名字，包括斯托克斯和詹姆斯·克拉克·麦克斯韦。

几百年来，剑桥以其优异的教育质量著称于世，尤其在自然科学方面的成就特别突出，它哺育出牛顿、达尔文这样开创

科学新纪元的科学大师，并有 81 位诺贝尔奖得主出自此校，这在全世界都是少有的荣光。人们怀着敬佩的心情称剑桥为"自然科学的摇篮"。剑桥也培养出了一批社会科学方面的栋梁之才，不仅大名鼎鼎的弥尔顿、拜伦、丁尼生等诗人都出自剑桥，更有哲学家培根、经济学家凯恩斯、历史学家特里维廉、文学家萨克雷等人都曾负笈剑桥，终成泰斗。剑桥还哺育出 7 名首相，印度总理赫鲁、英国王储查尔斯也曾在这里就读。作为世界上最富盛名的两座学府，牛津剑桥的毕业生遍及政界、商界和学术界。有人说，牛津剑桥统治着英国，这的确是有几分道理的。

哈佛大学：群英荟萃，人才辈出

世界著名学府哈佛大学（Harvard University），是美国的第一所大学。担任哈佛大学校长长达 20 年（1933—1953）之久的美国著名教育家科南特曾经说过："大学的荣誉，不在它的校舍和人数，而在于它一代一代人的质量。"正是在择师和育人上坚持高标准、高质量，哈佛大学才得以成为群英荟萃、人才辈出的第一流著名学府，对世界各国的求知者具有极大的吸引力。

15 世纪末，由欧洲通往美洲的大西洋航道被哥伦布开辟出来后，欧洲人纷纷远涉重洋来到美洲。17 世纪初，首批英国移民到达北美，移民中有 100 多名清教徒曾在牛津和剑桥大学受过古典式的高等教育，为了让他们的子孙后代在新的家园也能够受到这种教育，他们于 1636 年在马萨诸塞州的查尔斯

河畔建立了美国历史上第一所学府——哈佛学院。1780 年，即美国建国后的第 4 年，已经有了 140 多年历史的哈佛学院升格为哈佛大学。有人曾说："先有哈佛，后有美利坚。"此言非虚。

可以说，哈佛大学 370 多年的历史，是一部发展与变革互相推进的历史。初建时期的哈佛学院，只有教师 1 人，学生 4 名，如今其已发展成为规模宏大、影响深远的全美学府之首，这是历代哈佛人不断革故鼎新的结果。哈佛从仿效英、德到独创新制，由只学固定课程到采取自由选修制、普通教育制，以致形成以普通教育为基础、以集中与分配为指导的自由选修制等等，时至今日仍未停止其变革的脚步。这是一所学校欣欣向荣的生命力所在。

哈佛现在教师人数已超过两千，学生人数近两万名，这种发展是惊人的。但哈佛在发展中也从不忽视保证教育质量，其比较重要的措施有两条：一是充实和完善设备：哈佛的教学设施、实验室、图书馆、博物馆等等都是世界第一流的；二是重视人的素质，哈佛教学的教师都是严格挑选的，就读于哈佛的学生都是经过严格考试的——在哈佛，获准入学者只约占申请者的 10%到 20%。由于教师阵容强，学生起点高，再加上物质设备等其他条件，才保障了哈佛有相当高的教育质量，在美国以致全世界的高等学校中名列前茅。

可以说，哈佛大学对美国社会的经济、政治和文化科学的

发展都产生了重大影响。历史上，哈佛大学的毕业生中共有6位曾当选为美国总统。他们是约翰·亚当斯 (美国第二任总统)、拉瑟福德·海斯、西奥多·罗斯福、富兰克林·罗斯福 (连任四届) 和约翰·肯尼迪。哈佛大学的教授团中还产生了34名诺贝尔奖得主，其中包括致力于对贫血病的肝治疗法取得成功的乔治·明诺特，发现测量原子核中磁场的核共振法的爱德华·珀西尔，创造了制备 DNA 方法的沃尔特·吉尔伯特等人。

此外，还出现了一大批知名的学术创始人、世界级的学术带头人、文学家、思想家，如散文家、诗人拉尔夫·爱默生、作家亨利·詹姆斯、哲学家查尔斯·皮尔士、文学家罗伯特·弗罗斯特、哲学家、心理学家威廉·詹姆斯、教育家杰罗姆·布鲁纳、管理学家乔治·梅奥等。著名外交家、美国前国务卿亨利·基辛格也出自哈佛。

百事：流行动态的指针

1898 年，美国北卡罗莱纳州药剂师卡勒布·布雷德汉姆 (CAeb·Bradham) 发明了百事可乐 (Pepsi—cola)。100 多年后的今天，百事可乐已经成为世界最受欢迎的碳酸饮料之一，百事公司也发展成为世界第二大食品和非酒精类饮料生产商。

百事公司的业务范围经过了几次较大的调整。1977年，百事收购了必胜客 (PizzaHut) 公司，1978年又收购了TacoBell (著名的墨西哥风味快餐)，1986年收购了肯德基公司。至此，世界三大西式快餐连锁系统都归于百事集团。但是，经过几年的运营，百事发现这三家餐饮企业的饮料经营对百事可乐的销售有负面影响，因此在1997年，百事集团再次作出重大战略调整——将以上三大餐饮业务从百事集团分拆出来，成立了百胜餐饮国际集团，并独立上市。

现在，百事公司的主营业务是食品和饮料，主要的自主品牌有百事可乐（碳酸饮料）、乐事（休闲食品）、贵格（麦片、奶粉）等，以及租用品牌——立顿（罐装红茶）。其中百事可乐是百事公司最重要的品牌，其净销售额占公司总净销售额的四分之一以上，营业利润占公司总营业利润的三分之一。而百事可乐的营销策略以及与世界另一饮料巨头可口可乐的竞争最为引人注目，许多著名的"战役"已经成为全球著名商学院MBA教学的经典案例。

"适应消费者的需求，就是企业存在的目的"这是品牌发展的真谛，也是百事公司开发产品所遵循的原则。在1955年，产品的多样化在商家的观念中还尚未引起足够重视，但百事公司已经采用了好几种不同型号的瓶子，以适应不同的需求，从而在市场稳稳占领了一席之地。

20世纪60年代后，随着美国社会经济的发展，以及战后生育高峰期出生的孩子长大成人，良好的生活条件使大部分人不再为能否吃饱肚子而担忧，健康和高质量的生活开始成为时尚。消费者开始注重他们的体形、身材，特别是青年一代，他们对饮料的要求发生了变化。不仅要求软饮料能醒脑、提神，而且要求能减少糖类的摄入量。许多消费者在上午饮用较甜的饮料之后，中午便想饮用含糖量较低的饮料，到了晚上则饮用不含咖啡因的饮料。根据这一消费倾向，百事可乐在1963年研制出低热量饮料——"节食百事"，在1982年又推出无咖啡因百

事可乐——"百事自由"。这两种产品满足了市场潜在的需求，立即获得了巨大成功。同时，通过不断细分市场，百事公司还成功开发了"美年达"、"激浪"等汽水饮料，给消费者提供了更多的选择，也适应了更多层次的消费需求。进入20世纪90年代，百事认识到人们注重保健、回归自然的需求，立即拓展产品宽度，先后采用合伙、兼并等方法进入了茶饮料、运动型饮料、水果汁、咖啡、苏打水等产品市场，使百事品牌下形成了适应现代消费理念的完整的产品线。

同时，与可口可乐的竞争压力和市场的变化，使百事调整了自己的产品形象，将产品的主要目标定位于战后成长起来的年轻人。二战后的美国年轻人，与他们的前辈有很大的不同，他们没有经过大危机和战争的洗礼，自信乐观，他们正逐步成为美国的主要力量。这一切，在百事看来都预示着机会和成功。百事可乐的广告开始以这些年轻人为主要诉求对象，将产品和品牌塑造得"年轻、充满活力"，是"年轻人一代的选择"。代表性的广告语有"醒来吧! 你属于百事一代"，"我们是百事一代"，"你的生活很丰裕，百事使你更充实"，这些充满个性和激情的广告语在年轻人中赢得了很大认同，创造和促进了崇尚年轻的文化，并使百事从一种纯粹的消费品，进而成为新文化的倡导者。相形之下，可口可乐的品牌形象在此处反而显得老气横秋。就这样，百事终于走出了可乐巨人的阴影，在可口可乐独霸的软饮料市场开拓出了一块属于自己的天地，

开始了旷日持久的、与可口可乐的直接抗衡。

使百事可乐广告更为成功的是"明星广告"策略的选择。为了适应新一代年轻人的口味，1984年百事可乐设计了"新一代的选择"的广告词，并不惜重金与迈克尔·杰克逊签订了500万美元的合同。在广告首次播放的那个夜晚，美国出现了一个空前的现象：青少年犯罪停止了，全美范围内家庭用水量显著下降，电话线路也空了下来。而更高明的是，百事的这则广告中，没有杰克逊喝饮料的镜头——这使它不仅仅是一部广告片，而是一部娱乐片了。在这则广告中，百事的品牌形象同杰克逊的表演糅合在一起，借助于青年人对杰克逊的崇拜，百事可乐的广告大获成功。在迈克尔广告片播放不到30天，百事可乐的销售量开始上升，成为碳酸类饮料市场上增长最快的饮料。1985年，百事可乐的销售量首次超过了可口可乐，成为当时美国第一大饮料公司。"新一代的选择"广告战略为百事可乐赢得了"可乐大战"的胜利，从而迫使可口可乐公司最终宣布改变配方。

明星对青年具有莫大的影响力。从此以后，百事可乐一直沿用了这种战术，先后有著名歌星莱昂内尔·里奇、蒂纳·特纳，著名演员迈克尔·J·福克斯，NBA篮球明星奥尼尔及王菲、瑞奇·马丁及珍妮·杰克逊等成为百事品牌的形象代言人。1998年起，百事又全面推广以音乐和足球为主题的活动，如邀请多位流行歌星及足球明星为代言人，所有这些，都使百事公司刻

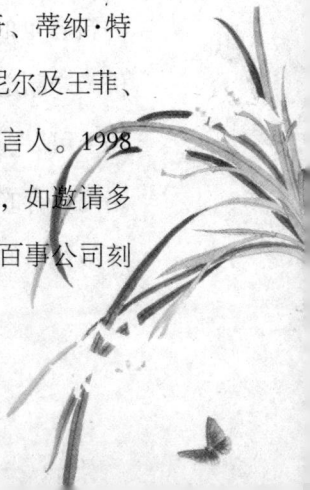

意营造的"年轻、活力"的品牌形象得到了极好的诠释和强化。

百事可乐最初的价格是5美分/瓶（6盎司）。这个价格一直维持到20世纪30年代。随着美国在经济大萧条中越陷越深，百事可乐的销售受到了阻碍。在此情况下百事不惜将百事可乐的容量扩大一倍，即由6盎司增至12盎司，但价格不变，仍为5美分一瓶。正受到大萧条困扰的人们，很欢迎这种价格低廉的饮料。百事公司立即把这种做法扩大到整个销售体系，销量开始增加。这时的百事可乐被装在回收的大啤酒瓶里，瓶子、装瓶加工省了一半费用，即使半价公司仍有微利。到1936年，百事可乐获净利200万美元，两年后达到420万美元，成功地度过了经济大萧条期。第二次世界大战改变了人们的生活。战争年代，百事可乐的"分量加倍，售价相同"的广告俘获了人们的心，由于人们认为百事可乐是便宜货而乐于购买。战后，当经济开始繁荣时，人们也开始了新的生活，这时，百事可乐在大众的心中只是在厨房里喝的饮料了。这种变化迫使百事可乐不得不放弃了多年廉价促销的策略——百事可乐开始采用8盎司的新容量的玻璃瓶，并且在定价方法上主要采用竞争导向定价。产品定价一般是与行业水平相平行的。从全世界的销售市场上可以观察到，百事的价格与可口可乐不相上下，有的地区略高，有的地区略低，基本上在一个幅度内变动，以保持其世界级饮料的地位。

百威：啤酒之王

安休瑟·波士 (Anheuser-Busch) 公司，世界上知道的人可能甚少。但百威 (Budweiser) 啤酒，却是众所周知的。而正是这不广为人知的安休瑟·波士公司，生产了有世界"啤酒之王"美誉的百威啤酒。

百威啤酒历史悠久。大约在 1876 年，安休瑟·波士公司便开始以百威的商标销售啤酒。世界著名的百威啤酒由此诞生。不过谈起安休瑟·波士公司生产啤酒的历史，可能更加久远一些。早在 1852 年，一个名为乔治·施耐德的人创立了巴伐利亚牌啤酒，1860 年，埃伯哈德·安海斯收购了巴伐利亚啤酒，并将其更名成当今的安休瑟·波士公司。经过 150 年的历史，塑造了百威啤酒优良的品质，令百威啤酒扬名世界。

著名的品牌可提高产品身价，获得稳定的市场份额，增加

企业竞争实力，因而在企业的营销过程中占有举足轻重的地位。但与可口可乐、IBM 等品牌不同的是，百威啤酒使用的百威品牌与产品制造商安休瑟·波士公司名称和标志都不相同。

百威啤酒的商标标志首先采用的是一只展翅欲飞的雄鹰正在穿越一个头顶着五角星的大写英文 A 字 (安休瑟·波士公司的英文第一个字母是 "A" 字)。"鹰"是权力、威严的象征，从 1872 年开始安休瑟·波士公司就使用 "A" 字和展翅欲飞的鹰作为啤酒的商标，后来，公司的商标虽有一些小的变化，但鹰始终是百威啤酒商标的主角。以鹰做商标表明了百威不断追求、进取向上和超越自我的决心。

而安休瑟·波士公司的标志则是一匹被称为百威·克里斯戴尔斯 (Budweiser Clydesles) 的马。选中这匹马作为公司的标志，其中还有一个故事：1933 年，美国废除了禁酒令。当时，安休瑟·波士公司的总经理奥古斯为了庆祝禁酒令废除，特意挑选了一桶上等的百威啤酒，用一辆马车驮着，送给了当时的美国总统富兰克林·罗斯福，这匹马就叫百威·克里斯戴尔斯。当时，公众对此反应强烈，当马车行驶在路上时，人们也不断地加入行列，从而演变为一场轰轰烈烈的庆贺游行。为了纪念这一重要事件，又因为马代表着忠诚、持久与信任，得到了世人的喜爱，所以这匹马也就成为安休瑟·波士公司的标志了。

由于公司产品品牌与公司品牌之间存在着很大的差异，安休瑟·波士公司采取了重点宣传百威啤酒品牌的策略，这使百

威啤酒的声望大增，而生产者安休瑟·波士公司却不为大多数消费者所知。安休瑟·波士公司品牌宣传的成功定位，是百威啤酒日后成为世界啤酒业霸主的重要原因。

随着社会的发展，人们对自身的健康越来越关心，清淡口味的啤酒越来越流行起来。有关统计表明，在 20 世纪 90 年代初期，淡啤的市场占有率已经达到了啤酒总消费量的三分之一左右。为了适应市场变化，1982 年 5 月安休瑟·波士公司成功地推出了以"BudLight"为新产品品牌的百威淡啤。"Bud"是百威全称"Budweiser"的前半部分，有点像昵称，而"Light"则展示了淡啤的产品特征；这一组合读起来朗朗上口，同时，由于"Bud"是百威品牌的部分缩写，使消费者易于识别和认同，发挥了原有品牌的市场作用，又使品牌形象得以延伸。此外，安休瑟·波士公司还不断推出了百威冰啤、百威干啤等系列延伸产品，使百威 (Budweiser) 和"Bud"品牌系列产品不断壮大——在强势品牌的带动下，百威的延伸产品顺利地从 5 个扩展到 16 个，有效地增加了企业的竞争优势。

自从百威创建以来，安休瑟·波士公司一直高度重视产品质量。为此，安休瑟·波士公司实施了一整套质量管理制度，建立了一套全员全过程、全企业内外的质量保证体系。公司高层经常亲自检查来自各个酿造厂的产品，公司最高层领导参与对质量的检验，使员工更加重视产品质量，使质量意识深植于员工心中。

百威口味醇厚，口感柔滑，深受世界各地人们的喜爱。为保证百威啤酒的质量，公司长期保持了啤酒酿造的传统工艺，比如，高比例的大麦麦芽含量，使啤酒喝起来更加爽口、舒适；在快速发酵过程中，增加采用山毛榉木的陈变程序，使百威啤酒更加清醇。由于这种山毛榉木的陈变程序成本太高，许多啤酒制造商都已放弃了这一工艺，但为了保持百威啤酒的味道，安休瑟·波士公司还在一直沿用着。

严格的质量保证体系和先进的工艺水平，保证了百威啤酒的高品质，无论消费者在旧金山，还是在北京，喝到的百威啤酒口感都是一样的清新、独特，使消费者产生了一种预期，即不管在全球任何一个地方，喝到的百威啤酒都是他熟悉的百威口味。

百威啤酒的包装材料有玻璃瓶、易拉罐；规格也是从250ml 到 1000ml 的超大容积，应有尽有。但无论是大箱还是小箱，百威的包装都十分结实，使购买者很容易地提在手里或者搬运。而且人们即使没有启瓶器也无需着急，因为百威瓶啤的瓶盖用手就可以拧开。多样化的、追求方便化的包装策略使百威啤酒迎合了不同顾客的需求，有力地刺激了销售，使更多的顾客可以尽情享受百威啤酒带来的乐趣。

百威啤酒的广告诉求重点以 25—35 岁的青年人为主要目标对象。百威把广告投放范围界定在青年人喜欢的各种杂志、电视等多种媒体上，采用立体式的广告投放组合方式进行宣

传。例如，在百威啤酒的广告中，不断有"我们爱第一——百威啤酒"的形象宣传；而且百威啤酒还通过容易辨识、同美国国旗颜色相同的红、蓝、白色为色调的标签或外包装来突出其美国风格。并通过这种风格的宣传，吸引了大批向往美国生活方式的年轻人。同时啤酒是绝大多数体育爱好者喜欢的饮料。为了吸引这些顾客，使他们成为百威品牌的忠实消费者，安休瑟·波士公司对体育赛事投入巨资进行赞助或直接组织，例如由百威发起的百威小姐水面滑行快艇赛事、百威超级燃料赛车等一系列赛事。1998 年，百威投入 3 200 万美元赞助第 16 届世界杯足球赛。同时，百威还是英超豪门曼联队的指定啤酒赞助商。

雀巢：小小鸟巢

雀巢（Nestle）食品公司是世界最大的食品公司，公司总部位于欧洲美丽的小国——瑞士。"Nestle"的意思是"小小鸟巢"，这个温馨的鸟巢作为雀巢公司的标志，为全球消费者所熟悉，它代表着雀巢公司的理念：安全、自然、营养。

雀巢的第一个产品是育儿奶粉。19世纪中叶，位于欧洲中部的山国瑞士经济落后。母亲们经常由于营养不足而无法正常哺育婴儿，婴儿的死亡率也一直居高不下。后来，一个早产而且相当虚弱的婴儿，因为喝了特殊配置的育儿奶粉，不但生存了下来，而且越来越强壮。这件事激励了食品技术人员亨利·内斯特尔（HenriNestle）。他是从德国迁到瑞士小城韦威的。内斯特尔利用瑞士本土的优质牛奶加工制造了既有牛奶鲜味，又有营养价值的奶粉。喝了这种奶粉，婴儿们一天天健康地成

长起来了。1867 年，亨利·内斯特尔育儿奶粉工厂正式成立，育儿奶粉走向了企业化和商品化。——亨利·内斯特尔育儿奶粉公司，即今天的雀巢公司的前身。

亨利·内斯特尔将自己的名字 (Nestle) 命名为其产品的品牌，他也因此被人们亲切地称为"雀巢先生"。英文雀巢 (Nest) 与内斯特尔的名字为同一词根，所以中文一并译为"雀巢"。英文 Nest 的含义是"舒适，安静下来"和"依偎"。当人们一看到雀巢 (Nest) 的标识——"母雀悉心哺喂幼雀的鸟巢"这个图案时，自然会想起嗷嗷待哺的婴儿。鸟巢象征着母爱，象征着温暖与安全。这个标识吸引了众多的母亲为自己的宝宝购买雀巢育儿奶粉。因而，雀巢育儿奶粉一路畅销，雀巢品牌也日益深入人心。

从育儿奶粉开始，公司不断兼并收购了一些食品行业的公司，以奶粉产品为起点，公司的产品扩大到巧克力、咖啡和方便食品等。

随着经济的发展，人们的生活节奏加快，许多人对既营养又方便快捷食品的需求明显增加。雀巢公司意识到家庭食品消费是一个极大的目标市场，为了适应这一变化，为家庭提供方便的食品成为雀巢产品开发的主要内容。雀巢公司着意开发了即开即饮的食品或饮料，如速溶咖啡、速溶奶粉。——世界第一杯速溶咖啡就诞生在雀巢位于瑞士的实验室里。1930 年，由于巴西的咖啡产量过剩，市场需要新的销售方法和消费方式。应巴西咖啡中心的邀请和公司自身发展需要，雀巢公司开

始了咖啡饮用和制作新方法的开发工作，历经 8 年，改变世界饮料市场格局的速溶咖啡诞生了。雀巢速溶咖啡以方便冲泡又不失咖啡本身美味的特点而迅速打开了世界市场，销售量不断上升，而且发展成为雀巢的支柱产品之一，也使雀巢成了咖啡市场上的领导者。有资料显示，每一秒钟，世界上就有 3 000 个人在享用浓郁香醇的雀巢速溶咖啡。

产品品种多元化与品牌一体化的综合运用，使得雀巢迅速成长为一个世界级的名牌。雀巢——这样一个好听、好看、好记的名字吸引了消费者；而雀巢商标上"母雀哺仔"的形象，极大地贴近了消费者；图形与品牌名称的成功配合，更增加了消费者对雀巢的信心。雀巢正是通过自己的品牌名称和图形所表达的情感及意象，树立起了品牌和产品的良好形象。

为了以更丰富的产品种类占领市场，雀巢公司除了自行研制开发产品外，还采用了资本运营的方式扩展产品结构。在 1960 年到 1974 年短短 14 年的时间内，雀巢公司兼并了英国罐装食品的老字号企业克罗斯·布雷克维尔集团，开始生产罐装食品；与法国的法兰西冰淇淋公司、德国的伏帕尔公司签订了合作生产冰淇淋的协议；兼并了德国第二大矿泉水生产商蓝泉公司。公司向罐装食品、冰淇淋、矿泉水、酒类、冷冻、冷藏食品等饮食领域全面出击，开花结果。今天的雀巢已经是一家跨行业、多元化的跨国公司，资料显示，在世界各地，雀巢公司的产品总数达到 8 500 多种。

芭比：不只是娃娃

　　"1959 年最新玩具——芭比娃娃，外型姣好，流行少女模样，售价美金 3 块钱！"这是 1959 年 3 月 9 日芭比娃娃 (BarbieDoll) 新上市时的广告词。语句简短扼要，没有太多的批注和形容，实在瞧不出这个娃娃有何特别。但是，万万想不到，50 年后，"芭比娃娃"竟成为一个专有名词，她所象征的文化内涵以及遍及全球的影响力，迄今无人能出其右。可以说，芭比已经远远超越了玩具的定义，成为一个不朽的文化符号。

　　芭比娃娃诞生于二战后的美国。当时，美泰公司 (Mattle) 创办人露丝·汉德勒看到女儿芭芭拉正在兴味盎然地玩当时流行的纸娃娃，帮它们换衣服、换皮包，露丝便想到应该设计一个立体娃娃。这期间，市场上流行的给小女孩玩的玩具大多都

是可爱的小天使，圆乎乎、胖乎乎的，类似著名童星秀兰·邓波儿的银幕形象，这是大人对孩子们玩具的想象，但从孩子们的兴趣来看，这种玩具却略显"幼稚"，他们需要的是跟自己年龄相仿的玩伴，而不是一个小宝宝。

一次在德国度假时，露丝无意间发现了身材高挑曲线分明的德国娃娃"莉莉"。正是这个娃娃激发了露丝的灵感，回到美国后，露丝立刻对莉莉的形象加以改造。她以一个女人的细心，为芭比设计了理想的成熟女性形象，又邀请了服装设计师夏洛特·约翰逊为芭比设计服装。1958 年，他们获得了生产芭比的专利权。一个划时代的娃娃就此产生了：她与以往的娃娃都不一样。她是个大人，虽然只有 11.5 英寸高，但四肢修长、清新动人，金发碧眼，玲珑的身材被漂亮的衣服紧紧地包裹着，脸上还流露出如玛丽莲·梦露般的神秘微笑。最后，露丝把自己的女儿芭芭拉的昵称"芭比"送给了这个可爱的娃娃。

1959 年 3 月 9 日，世界上第一个金发美女娃娃正式问世，同年，芭比广告出现在电视上，那个抬头挺胸，梳着马尾的少女"芭比"，立刻掳获了孩子们的心，货架上的芭比娃娃，随即被孩子们一扫而空。尤其是小女孩，对此极为热衷，在芭比诞生的第一年，它便卖出了 35 万个。在随后的 10 年里，美泰公司仅售卖芭比一项的金额，便达到了 10 亿美元。

人们将芭比成功的原因总结为：露丝·汉德勒将芭比人性化、感情化了。人们购买她时，不以为是购买了一个玩具，而是领养了一个孩子，为家庭带来了一个小姐姐或小妹妹。尤其对小女孩来说，芭比娃娃就像她们自身一样，需要梳妆、更衣、交友、结婚、生子……在为芭比做这些的同时，也为她们自身带来了无尽的快乐。芭比庞大的消费群也由此诞生。

在芭比受到公众广泛欢迎的同时，也受到了来自各方面的批评。美国妇女组织首先表示，芭比娃娃过于"性感"，过于"完美"，为小女孩设置了不可实现的目标，最终结果就是伤害了她们的自尊心，使得她们对自己的容貌和身材感到自卑，因此她不是妇女解放的象征，而是起着"迫害妇女"的作用。露丝却并不这样认为，她坚持芭比是女孩子的偶像，偶像自然是完美的，小女孩并不会因自己的偶像感到自卑的。

为了证明芭比不是一个头脑空空的花瓶，而是一个职业妇女，露丝设计出更多种类的芭比，她拥有了更多的身份，可以是医生、宇航员、女企业家、警官、运动员，甚至还做过联合国儿童基金会的志愿者，目前为止，芭比的职业已经超过 100 种。她还有了自己的男朋友"肯"（Kenyandoll），这是以露丝儿子的名字命名的；她也有自己的三个姊妹，分别是 1964 年上市的巧比、1992 年推出的史黛西及 1995 年亮相的小凯莉。不管是对家庭还是对朋友、对服饰，芭比娃娃总是能跟着女孩子及世界的变化而变化。

50 多年来，不管容貌、身材、装束如何变化，芭比始终是自信而不犹豫，快乐而不伤感，芭比娃娃不仅仅是小女孩的

玩具，她所代表的文化意涵因为太过深远，让她列名为全球最重要的十位女性之一。芭比娃娃告诉小女孩们，她可以完成任何她想要的事情。

美泰公司平均每年要推出 90 组芭比系列，而最让孩子着迷的是，芭比有数不清的漂亮衣服。据统计，自问世以来，芭比和她的朋友们一共穿过近 10 亿件衣服，芭比以其迷人的形象征服了全世界。而芭比身份的增加和转变，也为美泰公司带来了无限商机，芭比的服装，与其配套的香水、钻石、手表、梳妆台等配件，以及赛车、游船、别墅等享乐品都为美泰带来了滚滚财源。

由于芭比娃娃带有浓厚的美国文化色彩，在进入其他市场时会与当地文化产生冲突，为此，美泰公司在产品细分上煞费苦心，根据不同地区的目标顾客设计了不同的芭比，有巴西籍芭比、法国籍芭比、意大利籍芭比、黑人芭比、日本籍芭比、新加坡籍芭比和中国芭比等等，每一个芭比都拥有与当地审美观相似的相貌特征和服饰，以此获得当地顾客的最大认同。

到了 20 世纪 80 年代，全世界开始收藏芭比。90 年代，世界著名的设计师不断加入了芭比的设计队伍。每位设计师设计的芭比，都能代表他们独特的风格，从 Polo 经典的骆驼皮毛外套，搭配深蓝色大衣的造型，到 CK 的街头装扮，还有纪梵希典雅的黑礼服，带给芭比完全不同的面貌。芭比创造了流行，创造了时尚，越来越多的人开始收藏芭比娃娃，进一步拓

展了芭比娃娃的市场，在拍卖市场，1965 年设计的身穿披风的芭比能拍出高达 9 000 英镑的价码，1959 年的原型芭比娃娃竟高达 1 万美元。世界上已经出现了芭比娃娃收藏大军，不仅使芭比娃娃畅销不衰，而且使芭比品牌价值不断腾升。

芭比影响力不仅仅局限于玩具业，还有周边产业如电影、数码、文具、服装等产业。2001 年起，以芭比做主角的电影年均 3 部，经典的有《芭比与胡桃夹子的梦幻之旅》、《芭比之长发公主》、《芭比之天鹅湖》等。

如今，在全世界的 150 个国家，芭比娃娃已经卖出超过 10 亿个。每秒钟就有 3 个芭比售出。据美泰公司统计，一个 11 岁的美国小女孩可能拥有过 10 个芭比娃娃，同龄的法国小女孩则拥有 5 个。除了小孩子，更有数百万的成年女性购买芭比，"对她们而言，无论年纪，她不只是个娃娃，"露丝曾经这样说，"她已经成为她们的一部分。"美泰公司费尽心机，把人们购买玩具行为转化为领养孩子的行为，甚至推出女孩子 1:1 的复制品。拥有这种特制娃娃的父母感到满足和充实，有一种双胞胎父母式的喜悦；拥有这种特别娃娃的孩子可以随意地宠爱自己、设计自己，甚至把自己紧紧拥抱。

麦当劳：**快餐**的代名词

　　麦当劳（McDonald's）公司总部坐落在美国伊利诺斯州，是拥有数十亿美元资产的国际性公司，也是全球规模最大、最著名的快餐集团，从 1955 年创始人麦当劳兄弟和雷·克罗克在美国伊利诺斯州开设第一家餐厅至今，它在全世界的 120 多个国家和地区已开设了 3 万多家餐厅，全球营业额约 104.9 亿美元。现在仍以快速的趋势迅猛发展。在很多国家麦当劳代表着一种美国式的生活方式。

　　麦当劳兄弟的贡献在于创造了麦当劳餐厅，而克罗克的贡献在于创造了麦当劳品牌。1961 年，克罗克说服麦当劳兄弟以 270 万美金将当时的 7 家麦当劳快餐连锁店及其店名转让给自己。此后，尽管从未改动过兄弟俩一手设计的基本格局，麦当劳还是进入了克罗克时代。他坚信整洁是餐饮业的核心。从整个店面，到

停车场、厨房地板直到店员的制服，克罗克不放过任何细节。此时，他简直像个苛求的魔鬼："如果你有功夫站着，你就一定有时间收拾整洁。"在特色方面，克罗克几乎是精益求精。为一根小小的炸薯条，历时 10 年，耗资 300 万美元，改良了数百种制作方法，最终将它炸成了风味独特的知名食品。

1963 年，麦当劳每家店面门口的氖光灯管上都标识着超出 1 亿只汉堡的销售量；同年，身穿红条衣服黄色背心的小丑，雷纳德·麦当劳开始亮相。约翰·马里亚尼那本名叫《美国人出外用餐》中记载说："自 1965 年雷纳德·麦当劳上了全国性电视广告，6 年间，96%的美国孩子记住了他，远远高于当时美国总统的知名度。"在严格的制度管理下，5 年后，克罗克旗下的麦当劳发展到 1 000 家店铺，到 1978 年达到 5 000 家。到 1986 年，它已成为世界上最大的食品公司，年销售额达 124 亿美元，年赢利 4.8 亿美元。经过 40 余年的发展，目前麦当劳已有近 3 万家店铺，遍布全球上百个国家和地区。金色的拱形 "M" 标志和可口可乐一样，成为了世界各地不用翻译即懂的大众文化。

克罗克提供给现代化快速生活中的人们一种随意、可轻松辨识的连锁餐厅，以及友善的服务、低廉的价格。他的成功源于他对于大众消费趋势的敏锐感知，但更重要的还是强化并改变这一趋势的长期能力。人们对来到麦当劳的原因心照不宣：我们是来"吃东西"的，不是来"用餐"的——经营麦当劳

30 年后，克罗克欣慰地听到了这句话。

今天的大多数麦当劳快餐厅提供柜台式和"得来速"式两种服务方式，同时提供室内就餐，有时也提供室外座位。得来速是英文 drive-through 的英译，指不下车便可以用餐的一种快餐服务：顾客可以驾车在门口点餐，然后绕过餐厅，在出口处取餐。得来速餐厅通常拥有几个独立的站点：停车点、结账点和取货点，而一般而言后两个站点会并在一起。在有些地区，公路干道两旁还会设有麦大道（Mc Drive），是一种无柜台无座位的、为了款待夜游驾车人们所开设的大道，这种大道往往作为得来速餐厅的简化方式，出现在闹市区这种人口高密度一带。

麦当劳是一个标准化的企业，在全世界的每一个店铺的产品和服务都是一致的，一个人在巴黎麦当劳店里吃的汉堡与在东京麦当劳店里吃的汉堡口味是一样的，这就是麦当劳的魅力之一。麦当劳有一本厚达 385 页的《麦当劳手册》，保证运营的标准化。产品标准化是麦当劳标准化体系的重要内容。例如麦当劳规定，可口可乐的温度保持在 4℃，因为此时口感最好；汉堡包出炉后的保质期是 10 分钟，法式炸薯条是 7 分钟，咖啡冲好后是 30 分钟，超时仍未售出的各种产品，则要倒进垃圾箱。

然而对麦当劳来讲，产品的标准化并不意味着固定不变。在一般情况下，麦当劳总有 20 种新产品处于不同的试制阶段，

以保证有源源不断的新产品问世。有趣的是，当今麦当劳诸多的当家产品，均来自于加盟商的创意与建议，而非总部的强制。例如，辛辛那提市的加盟者卢·格罗恩发明了鱼片三明治；加利福尼亚的加盟者发明了快速早餐——即在英式松饼中加进一些加拿大火腿、奶酪和鸡蛋。

人们通常认为，麦当劳是通过卖汉堡包和炸鸡获利不菲。其实不然，直接提升麦当劳品牌价值的是房地产业。实际上，麦当劳兄弟创造了麦当劳，克罗克发展了麦当劳，但是使麦当劳真正赚钱的应是桑那本。麦当劳本身不赚钱，向加盟者收取的费用也不足以支付为他们服务所花费的费用。有人曾指出："如果麦当劳只依靠克罗克的想法维持下去，则势必早已破产"，自然，品牌价值也全是负数。但是，桑那本建立了麦当劳房地产公司，该公司负责寻找合适的地点，向房地产所有者租赁土地及房屋。然后，麦当劳将其出租给加盟者，其中加上20%—40%的利润差额。随着每一年物价的上涨，收取的租金只涨不跌；但付给房地产主的租金永远维持原价。凭此，麦当劳赚取了大量的利润。麦当劳早在1982年就成为了全世界拥有店铺最多的房地产公司，房地产业给麦当劳带来了丰厚的收益。有人说，如果没有房地产业的支持，麦当劳很难在快餐业独树大旗，在食品界呼风唤雨。因此，克罗克在一次沙龙上曾说："我不是做汉堡的，我是做房地产的。"

奔驰：百年汽车老店

　　德国著名的戴姆勒–奔驰汽车公司 (Daimler Benz AG) 是德国最大的汽车公司，也是世界上最大的商用汽车跨国制造企业之一。该企业素以生产质优价高的 "梅塞德斯——奔驰"(Mercedes–Benz) 汽车著称于世。美国摇滚乐女歌手贾尼斯·乔普林以一曲 "啊，上帝！请给我买一部奔驰"，将奔驰汽车唱遍了全世界。奔驰顶着银光闪闪的三叉星标志，风驰电掣般地疾驶在世界各国的公路上。奔驰汽车征服了世界，它成为许多人的追求和梦想，也成为人们身份和社会地位的象征。

　　奔驰汽车公司是世界汽车工业的鼻祖，该公司创始人之一的工程师卡尔·本茨，于 1871 年在曼海姆创建了自己的公司，开始研制两冲程引擎。1879 年圣诞节前夕，他的引擎终于研制成功，并获得了多项专利，这是他从事汽车制造业至关重要

的一步。之后，本茨开始设计一辆带四冲程引擎的汽车。他没有简单地将发动机直接装在马车上，而是按照自己心中的理想，精心设计出发动机的底盘。1886 年 1 月 29 日，——一个值得纪念的日子，就在这一天，本茨得到了柏林专利局颁发的专利证书，世界上第一辆奔驰汽车从此诞生。

就在同一时间，在德国南方的另一个镇——堪斯塔特镇上，格特里布·戴姆勒正进行着与本茨相似的工作：1883 年，戴姆勒成功发明了世界上第一台轻巧快速运转的内燃发动机，并获得了专利证书。1885 年，他成功地在一辆两轮车上安装了这种发动机，现在，这辆两轮车被称为世界上第一辆摩托车。1890 年 11 月 28 日，戴姆勒创建了自己的公司。1900 年，戴姆勒成功地研制出了高速轿车，这辆轿车被命名为梅塞德斯 (Mercedes)。在西班牙语中，梅塞德斯是"祥和"的意思，也是德国商人 Emil Jellinek 女儿的名字。1909 年，在这位商人出资支持下，戴姆勒开始了以"梅塞德斯"为标志的高速轿车的生产。而梅赛德斯这一美丽浪漫的名字也非常受欢迎，于是，戴姆勒便把所有的车子都冠以这一名称。1912 年，"梅塞德斯"正式成为戴姆勒公司的注册商标。

1918 年以后，在德国市场上，戴姆勒和本茨两家汽车制造厂互相竞争的同时，还面临着美国新兴汽车工业的严重威胁。为了应付挑战、共渡难关，经过协商，戴姆勒和本茨公司同意共同生产汽车。1926 年 6 月 29 日，两家公司正式合并，

"Daimler BenzAG"（戴姆勒—奔驰汽车公司），世界上最有价值、最著名的品牌由此诞生。由于两者在各自的产品种类中占据统治地位，因此联合之后的品牌具有更强的吸引力和更高的品牌价值。从此，戴姆勒—奔驰汽车公司成为世界汽车工业中的一颗耀眼的明星。

1909 年戴姆勒公司登记了三叉星作为其旗下轿车的标志，1916 年在它的四周加上了一个圆圈，在圆的上方镶嵌了 4 个小星，下面有梅塞德斯"Mercedes"字样。寒光闪耀的三叉星百年来始终是奔驰最夺目的标志，简化了的形似汽车方向盘的一个环形圈围着一颗三叉星，它的三尖代表着海、陆、空三位一体的现代化，环形图显示其营销全球的发展势头。

奔驰汽车公司内奉行的宗旨是"以创新求发展，不断推陈出新"。早在 1879 年，本茨便研究成功了"火花塞点火"技术。直到现在为止，世界上每一辆汽车仍都在采用这一技术。1928 年，奔驰生产了"纽尔堡 460"8 缸 6 座汽车；1936 年，研制出布尔柴油发动轿车；1938 年，奔驰开始成批生产著名的"260"型柴油发动机小轿车；不久，又生产出当时时速最快的小轿车"540K"型。1953 年一个具有根本意义的新产品——巨型底盘上的承载式焊接结构进入市场，它使得衡量汽车制造的标准朝着既美观、又安全的方向迈出了第一步。1973 年，"梅塞德斯 450SEI9"以其尖端的技术，被世界汽车制造业选为"本年最佳汽车"。1984 年初奔驰公司又研制成一种小

型车上市。这种车体积小、重量轻、能耗少，深受顾客欢迎。此后，奔驰汽车公司又向市场陆续推出了梅塞德斯 400 型、600 型高级轿车，600 型至今仍是世界上许多国家元首和知名人士的交通工具。近几年，奔驰汽车公司依然在致力于不断推出豪华、舒适、气派的高级轿车。

当今世界经济面临的最大问题就是能源问题，因此世界各国都把降低能耗作为汽车生产的一项主要指标，"奔驰"也不例外。1990 年，他们针对过去的汽车能耗大、用料多等问题，不失时机地开发出降低能耗、节省能源和原料的新 S 级奔驰汽车，对原来的 S 级奔驰车进行全面更新，并于 1991 年开始在欧洲上市。这种汽车的零件是塑料的，可以循环使用，这大大降低了成本。新 S 级汽车采用高效电脑控制，各个电子网络相互沟通，协调一致，车上的电脑记忆装置还可调节舒适度，使方向盘、车座、反射镜处于最佳状态。因此，新 S 级汽车被称为数据汽车，它的推出，使奔驰保持着同欧美、日本等国的汽车公司相比在豪华轿车市场上的优势和领先地位。由于新 S 级汽车的上市，奔驰公司确实从对手手中收复了许多失地，保住了"奔驰"在豪华车市场的霸主地位。"600SEL'"是新 S 级的"旗帜"，车身光洁度高，制造工艺更加精密，门框和门窗玻璃与车身完全贴平，在日本市场售价高达 2 130 万日元，折合德国货币达 18 万马克。"600SE"高级轿车，以其优质华贵而博得世界声誉，成为各国政府部门的首脑必备轿车。

奔驰汽车显赫的声誉，不仅基于它的可靠性，它在赛车比赛中显示出的魅力也起了很大的作用。梅塞德斯赛车在比赛中多次获胜并打破世界纪录，它的赛车由于速度快、体形灵巧，被称为"银箭"。

奔驰轿车自产生之日起，便被誉为欧洲传统文化和现代科技的完美结晶，为了维持其地位，公司不断推出高、精、尖的新车型，并一直以来都以高价出售——通常每辆汽车的售价是普通汽车的几倍。尽管如此，仍有很多人购买。因为奔驰车代表了高贵和地位，它成为许多国家领袖、企业巨富、王公贵族的首选轿车。奔驰公司在产品定价上采用了心理定价和声望定价法。心理定价，即根据消费者的心理来调整和制定价格；而声望定价法则指利用企业或产品的声望把价格定得很高。正因为奔驰是身份的象征，因此，其价格必与身份相适应，必与其高贵的品质相适应，所以奔驰的价格只能高，不能低。同时，利用产品的高质量、高声望，充分与竞争者产品相比较，使顾客感受到物有所值，满足了顾客的心理需求，也逐渐确立了奔驰车的高品位形象。

BMW：感悟汽车

BMW，是 Bayerische Motoren Werke 的缩写，即"巴伐利亚发动机制造厂"。由于 BMW 出产的车以舒适驾驶、便于操控而闻名于世，所以人将 BMW 的前两个字母用汉语拼音拼为"宝马"代替，也体现了 BMW 速度与操控上的优势。

BMW 公司是以生产航空发动机开始创业的，因此标志上的蓝色为天空，白色为螺旋桨。蓝白标记的对称图形，同时也是公司所在地巴伐利亚州的州徽。BMW 的名字又是巴伐利亚发动机公司，BMW 也就代表了巴伐利亚，代表了德国最精湛的发动机技术。在 20 世纪 30 年代 BMW 制造出了世界上最好的跑车和豪华轿车，在从二战的破坏和 50 年代的财政衰退中恢复过来之后，70 年代早期，它再度成为世界高性能和豪华轿车市场上的主角之一，并一直延续至今。

  BMW 公司的历史始于 1916 年，公司最初是一家飞机发动机制造商，最初以制造流线型的双翼侦察机闻名于世，而这家公司的最初名字叫做 BFW（BayerischeFlug Zeug-Worke）——巴伐尼亚飞机制造厂。公司创始人名吉斯坦·奥托，其父是鼎鼎大名的四冲程内燃机的发明家。吉斯坦在航空的高度成就，使他怀着很大的野心制造汽车，1917 年 7 月 20 日，BFW 公司开始重组，正式名为 BMW。这时的车厂也有了两位新老板：积及·莎柏奴和甘美路·卡斯丁哥尼，积及这位大商家更是当年戴姆勒—奔驰车厂股东之一。1923 年，第一部 BMW 摩托车问世。挂有 BMW 商标的摩托车首次在市场中销售。1925 年，BMW 开始研制汽车，雏形也同时建成，它为 BMW 日后进军汽车——打下了基础。1928 年，BMW 收购了埃森那赫汽车厂，并开始生产汽车。1929 年 7 月 BMW 推出了他们的首辆汽车。

  1933 年，在德国的柏林车展上，BMW 展示了他们最新的 303 型轿车，它是一台高性能的双门四座位轿车，车头盖占了车身的一半，车厢空间充足和舒适。303 型之后，此车的风格和制作再延伸至同系列的 315、319、320 及 3231，尤其是 315 车型，经过改良后制动功率增至 29 千瓦，外型流畅华丽，更像一辆跑车，同时更以耗油量低、安全和容易操控而驰名于世。而这些特色也正成为了 BMW 日后研发生产汽车的主流方向。

BMW 的成功，30 年代末期制造的 327 型和 328 型跑车，可谓功不可没，两车都是双座位设计，车身纤细，功率强劲，速度极快，人们称其是"纯正血统的跑车"、"随时可以下场比赛的宝马"。1952 年 10 月，经历了战火洗礼的 BMW 再投产汽车，制造的汽车是战前的 501 系四门房车，其性能和耐用性获得一致好评。1954 年，BMW 推出由 501 型改良的 502 型四门轿车，沿用一台全新的 V-8 汽缸发动机，是车厂战后的一次突破，获得了市场的广泛认可和好评，BMW 正式走出了战争的阴霾。之后，BMW 将许多汽车制造史上的杰作推向市场，这些产品不断激发出强烈的感情和人们的渴望，铸就了 BMW 公司作为一家汽车制造商的杰出声誉。

和奔驰一样，BMW 公司以汽车的高质量、高性能和高技术为追求目标，即使汽车产量不高，但在世界汽车界和用户中享有和奔驰汽车几乎同等的声誉。BMW 汽车加速性能和高速性能在世界汽车界数一数二，因而各国警方的警车首选的就是 BMW 汽车。BMW 的摩托车在国际市场上最为昂贵，甚至超过了豪华汽车，售价高达 3 万美元左右。由于 BMW 产品以赛车风格设计，因而在世界赛车活动中 BMW 汽车经常大出风头。

BMW 公司如今拥有 BMW、MINI 和劳斯莱斯（Rolls-Royce）三个品牌。这些品牌占据了从小型车到顶级豪华轿车各个细分市场的高端，使 BMW 成为世界上唯一一家专注于高

档汽车和摩托车的制造商。BMW 旗下的品牌各自拥有清晰的品牌形象，其产品在设计美学、动感和动力性能，技术含量和整体品质等方面都具有丰富的产品内涵，三个品牌各自拥有不同的传统、形象和市场定位。他们代表的产品个性鲜明，然而，在质量、安全性和驾驶乐趣等方面都将执行高标准——高档精品必须如此。

BMW 品牌代表着运动特性和卓越性能以及含蓄的表达方式。其美学形式和实际功能的统一融合于整体并贯穿于所有细节中。而且，BMW 品牌富于强大的感情色彩。毕竟，汽车最重要的不仅是技术，还有驾驶乐趣。MINI 所表达的是年轻、城市化、多姿多彩和与众不同。它调皮而有格调，适合出现在任何场合，以全新的和现代的方式阐释着高贵。劳斯莱斯一直以来都是豪华极致的代名词。传统的手工工艺和精湛的现代技术相结合对它进行了全新的阐释，它代表着富有格调、高雅和永恒的轿车。

波音：<u>航空业</u>霸主

波音（Boeing）——一个著名的飞机品牌，每天伴随着世界上 200 多万人飞翔于碧海之上、蓝天之中。可以说，波音公司把人们昔日"坐地日行八万里"的梦想变为了现实。作为世界上最大的民用、军用飞机的制造商，波音公司的发展史也就代表了世界航空工业的发展史。

1903 年发生了两件事，为日后航空事业的蓬勃发展做出了贡献：一是怀特兄弟驾驶飞机，进行了人类历史上第一次空中飞行；二是时年 22 岁的威廉·波音（William Boeing）开始到美国西海岸去实现自己的腾飞梦想。酷爱机械的威廉·波音被新兴的航空事业深深地吸引。1916 年，35 岁的波音在西雅图成立了"太平洋飞机制造公司"，开始了飞机设计和制造的创业期。1917 年由他公司设计的 C 型水上飞机，以其良好的性

能，赢得了美国海军一次订购 50 架飞机的合约，使公司规模扩大遇到了最好机遇。不久，波音就把公司名字改为"波音航空公司"，自此，"波音 (Boeing)"开始了创立知名品牌的历程。

波音公司建立初期以生产军用飞机为主，并涉足民用运输机。1920 年，波音参加了美国陆军部举行的 GA—1 型飞机竞标，并在众多厂家中争得合约。继此之后，再次夺得 GA—2、MB—3 等型飞机的生产合约。B—17 是波音生产的世界最先进的轰炸机，整个二战期间，B—17 共生产 13 000 架，波音获得巨大的利润，为日后的发展奠定了坚实的基础。1951 至1962 年间，波音共得到 180 亿美元的军事订货，毛利润达 9 亿美元，为同期美国制造业平均利润率的两倍。

20 世纪 60 年代以后，波音公司的主要业务由军用飞机转向商用飞机。1957 年在 KC-135 空中加油机的基础上研制成功的波音 707，是该公司的首架喷气式民用客机，共获得上千架订货。不过，自波音 707 开发成功后，其他飞机公司纷纷加入竞争行列，并用差异化战略开发出中短程客机。

在激烈竞争中，波音意识到，要在竞争中立于不败之地，必须针对市场需求开发新产品，以满足市场的需求。波音的"全程客机"，即是针对客机市场的需求而进行开发研制的。根据这一指导思想，波音先后开发出 707、727、737、747、757、767 和 777 七种型号的客机，逐步确立了其全球主要的商用飞

机制造商的地位。根据航程划分，波音商用机适合短程飞行的有 737、757；中程的有 727、767；远程的有 707、747、777。根据载客量划分：100—150 座的有 707、727、737；150—300 座的有 757、767；300 座以上的有 747、777 (目前 707、727 已停止生产)。波音开发的这一系列产品由小到大，由近到远，形成了完整的组合。今天，上万架波音商用喷气式客机服务于世界各地，它的产品有效地覆盖了整个民用客机市场。其中，波音 737 是在全世界被广泛使用的中短程民航客机，波音 747 一经问世就长期占据世界最大的远程民航客机的头把交椅。

波音为了保持其竞争优势，不仅生产民用系列飞机，还生产军用系列飞机及空间战略武器装备。产品主要有：F/A—18E/F 超级大黄蜂，F/A—18 黄蜂，F—15 鹰式、F—22 Rap—tor、AV—8B 鹞式等战斗机和轰炸机，以满足军用系列飞机的需要，甚至在未来，波音也将在军事领域占重要的领导地位。这就是波音完整的产品组合形成的竞争优势。

威廉·波音曾说："我们的工作就是不断研究与试验，并尽快把试验出来的成果做成成品，绝不让已经改良的飞行器及飞行装备来终止我们不断求变的心。"这些话反映了波音的市场定位：用不断创新的波音产品使顾客的空中旅行更安全、更便利。为此，波音不断扩展其产品的范围，采用和开发新技术。从开发系列商用飞机，到开发制造载重量达 14 吨的火箭，再到采用先进的卫星网络改善全世界内的信息沟通等，都反映

了波音公司的不断创新精神。

波音公司成功地采用了品牌延伸策略。波音公司生产的多种产品，如商业飞机、军用飞机、公务型飞机、导弹等，这些产品均使用波音品牌。特别是在商业飞机制造领域，波音公司已经持续领先达 50 年。不断创新也使波音品牌的产品渗透到国防、空间技术科研等其他领域，波音公司不仅是美国国家航空和宇航局 (NASA) 的最大供应商，也是美国最大的飞机出口商和宇航领域世界最大供应商。

苹果：个人电脑先驱

苹果公司（Apple Inc.），原称苹果电脑公司，总部位于美国加利福尼亚，核心业务是电子科技产品。苹果的 Apple II 于 20 世纪 70 年代助长了个人电脑革命，其后的 Macintosh 在其后的 80 年代继续接力发展。苹果最知名的产品是其出品的 Apple II、Macintosh 电脑、iPod 数码音乐播放器、iTunes 音乐商店和 iPhone 手机，苹果品牌在高科技企业中以创新和引领时尚而闻名。

1971 年，16 岁的斯蒂夫·乔布斯和 21 岁的斯蒂夫·沃兹尼亚克经朋友介绍相识，1976 年，乔布斯成功说服沃兹在装配机器之余将自己的电脑拿去推销，他们另一位朋友，罗·韦恩也加入了这一生意行列，三人在 1976 年 4 月 1 日组成了苹果电脑公司。他们制造的第一部电脑被命名为 Apple I，尽管

Apple I 的设计相当简单，但它仍然是一件杰作，——当时大多数的电脑没有显示器，Apple I 却以电视作为显示器；此外，Apple I 主机更容易启动，而且比其他同级的主机需用的零件少，这使沃兹赢得了设计大师的名誉。最终 Apple I 一共生产了 200 部。

1977 年，沃兹成功设计出比 Apple I 更先进的 Apple II 电脑。Apple II 与之前电脑的最大分别包括重新设计的电视界面，它把显示整合到记忆体中，这非常有助于显示简单的文字和图像。Apple II 还有一个改良的外壳和键盘。Apple II 一经推出便引起了巨大的反响，它在电脑界被广泛誉为缔造家庭电脑市场的产品，到了 1980 年代已售出数以百万。Apple II 家族还产生了大量不同的型号，包括 Apple IIe 和 IIgs 等等，这两款电脑直到 20 世纪 90 年代末仍能在许多学校找到。可以说，是 Apple II 缔造了苹果公司，成就了苹果品牌风光无限的今天。

1980 年苹果公司正式上市，并在 5 年之内就进入了世界公司 500 强排行榜，是当时的最快记录。但在这一时期，苹果的个人电脑业务也遭遇了强劲的竞争对手，其中包括 IT 界巨头 IBM。但 Apple Macintosh 在 1984 年推出后，延续了苹果的成功，使苹果品牌的发展稳定了下来。

随着苹果公司发展的日益壮大，乔布斯同公司管理层的看法开始出现分歧，并与之反目，离开了苹果。但是从乔布斯被董事会解职的 1985 年起，美国电脑产业就进入了高速发展期，康柏和戴尔都在此期间脱颖而出。而作为个人电脑的始祖，苹果却步履蹒跚，十年内它换过 3 任 CEO，年销售额却从 110 亿美元缩水至 70 亿美元。1997 年 7 月，因连续 5 个季度亏损，当时苹果 CEO 阿默利欧只好辞职，当时苹果已接近破产边缘。此时的乔布斯临危受命，在紧急关头又被聘任为苹果临时总裁兼最高执行官。乔布斯回到苹果后，做的第一件事是缩短战线，把正在开发的 15 种产品缩减到 4 种，而且裁掉一部分人员，节省了营运费用。其次，发扬苹果的特色，其后推出的 iMac 系列电脑、MacBook 系列笔记本电脑等一系列产品，使得苹果扭亏为盈，起死回生。新产品延续了苹果品牌一贯的精良技术，更因为其设计上的独特之处和出众的易用性，风靡全球。

近年来，苹果又紧跟时尚步伐，并进一步引领时尚，推出了一系列造型别致、功能强大的数码产品，深受世界各国消费者特别是年轻人的欢迎和追捧。比如精致轻盈的手机——i-Phone，它将创新的手机、可触摸宽屏以及网络通信这三者完美地融为一体，开创了手机软件尖端功能的新纪元，重新定义了移动电话的功能。iPod 系列播放器 shuffle、classic、nano，小巧便捷，功能强大，被誉为"唱念俱佳，声色兼备"。iPod Touch 不仅是精致音乐播放器，还是一个高级的游戏装备。iPod Hi-Fi 是苹果自身研发的与 iPod 相配的音箱，它不仅有着简洁流畅的机身造型，更有着水晶般清晰明亮的高品质声音。

　　科技的发展使数码产品具有更多更微妙的功能和更复杂的操作程序，在追求产品内在的高新技术之外，苹果还一直秉承精致唯美、与众不同的设计风格。毫不夸张的说，苹果公司的每个产品几乎都是艺术品级的设计精品，尤其是称得上传奇产品的 iMac 和 iPod，有人说，这两个产品真正实现了苹果巨人的复活，使得苹果时代又一次到来了。苹果一直追求超越用户想象力的设计，他们执着于将产品做成"纽约或伦敦高档时尚店里的精品"，果冻般颜色鲜亮的 iMac 和"后工业风格"简洁流畅的 iPod，成为大众津津乐道的谈资，并引领了高科技产品的设计潮流。通过唯美的设计，苹果让冷冰冰的工业产品成为时尚饰品，让使用者无论在视觉、还是在操作上都成为一种享受。

索尼：最强娱乐品牌

索尼公司（SONY Corporation），简称索尼，公司总部位于日本东京，是一家横跨数码、生活用品和娱乐领域的世界巨擘，其前身是"东京通信工业株式会社"。

1945 年，井深大在东京成立了"东京通信研究所"，盛田昭夫在井深大的邀请之下加入，他们于 1946 年正式成立了"东京通信工业株式会社"。井深大在其公司"成立意旨书"当中期望"要充分发挥勤勉认真的技术人员的技能，建立一个自由豁达、轻松愉快的理想工厂"，期待他们的企业成为"工程师的乐园"。

公司成立初期的经营并不顺利，直到 10 年后他们开发出了世界第一台晶体管收音机"TR-55"，才一举成功，公司营运由此渐入佳境。这时，盛田昭夫感觉"东京通信工业株式会

社"这个名称，有碍公司国际化的进程，他希望能想出一个像 IBM 一样朗朗上口又国际化的名称。盛田昭夫和井深大翻遍了英文字典，最后决定用拉丁文的"Souns"（声音）、英文的"Sunney"（可爱的孩子）组合成"Sonny"，意指以声音起家的、可爱顽皮的孩子。但"Sonny"在日文里的发音是不吉祥的词汇，最后他们决定去掉其中的一个字母"n"，而"Sonny"也由此变成了"Sony"——一个日式的英文字。

盛田昭夫和井深大在说服反对的董事后，于 1958 年 1 月将公司正式更名为 SONY——索尼这个新名称中，完全感觉不到日本本土文化的存在，这令其成功打入了美国及一系列海外市场。而到今天为止，仍然有较少接触消费性电子的人误以为"SONY"是美国品牌。

20 世纪 60 年代的索尼虽然有支柱产品——黑白电视在市场上大卖，但其技术竞争力却缺乏优势，而其后所制造的彩色电视的品质亦不甚理想，导致了公司的巨额亏损甚至濒临倒闭的边缘。直到 1967 年，索尼发表了由井深大亲自加入队伍所开发的特丽珑（Trinitron）映像管技术，这项技术使得索尼电视在全球范围内热卖。盛田昭夫自日本开发银行借得巨额开发债务，也在 3 年内还清。

盛田昭夫极富创新精神的思维使索尼生产出众多广为人知的产品，便携式随身听——Walkman 更是其中的佼佼者。盛田昭夫对此的想法是，要人们无论何时何地、甚至在户外都能自

由欣赏自己喜爱的音乐。在盛田昭夫的主导下，索尼在 1979 年推出了 Walkman，并将其市场定位在青少年市场，强调年轻活力与时尚。Walkman1980 年开始在世界范围内销售，直到 1998 年为止，"Walkman"已经在全球销售突破 25 000 万台，以 Walkman 这个不标准的日式英文为品牌，创造了举世闻名的"耳机文化"。盛田昭夫在 1992 年受封英国爵士时，英国媒体对此的新闻标题是：《起身，索尼随身听爵士》。

索尼品牌的另一代表作就是 PS 系列游戏机。当年由于任天堂公司所出品的任天堂游戏主机的成功，促使索尼在 1988 年宣布与任天堂合作，共同开发超级任天堂用 CD-ROM 游戏主机，但这种合作关系于 1992 年破裂。当时索尼的最高经营决策者大贺典雄，在众多的反对声浪中，全力支持索尼自主品牌游戏机的开发创作。1993 年开始，索尼旗下的"索尼音乐"成立"索尼电脑娱乐"（SCE），并开始开发新一代的 CD-ROM 游戏主机，以全力对抗任天堂所主导的游戏市场。1994 年 12 月 3 日，SCE 推出了索尼品牌的第一代家用游戏机——Play Station (PS)，2000 年 3 月 Play Station 2 (PS2) 面世，2004 年 12 月，索尼又推出新型掌上游戏机 Play Station Portable (PSP)。至今为止，PS 系列游戏机在全世界的累积销量已超过两亿台，成为继 Walkman 后，索尼品牌中最重量级的成功产品。

1996 年后，索尼还陆续推出了 Cyber Shot 数码相机、Vaio

笔记型电脑、Clie PDA（个人数位助理）等一系列高端精良的数码的产品，并在市场上获得了空前的成功。但自 2001 年全球经济衰退起，索尼也遭遇到了严峻的考验：PS 开发后已经有 10 年未再发表独创性的产品；Walkman 不支持 MP3 格式音乐，从而造成苹果电脑的 iPod 数码播放器在全球热卖，取代了 Walkman 原有地位；因为以特丽珑技术自傲从而错估液晶电视的发展，使得拥有液晶技术的夏普、三星等品牌取得了电视影像制作界的领导地位……一连串的决策错误以及电子产品价格不断压缩等因素，使得索尼品牌面临着"陨石般坠落的危机"。

面对这种情况，索尼董事会 2005 年 3 月令人震撼地任命美国区索尼负责人霍华德·斯金格出任索尼董事长兼首席执行官，并于 2005 年 6 月 22 日正式经由股东大会通过最终投票，令斯金格成为索尼史上第一位外籍领导人。随后，在斯金格的指导下，索尼将电子、游戏、娱乐产业列为重点产业，并重点发展四大支柱业务，即高清领域、数码影院、游戏和电子娱乐，以强化其作为一家全方位娱乐服务公司的地位。由于连串的大规模改革政策成功，2008 年起索尼全面摆脱了过去几年的困境，并创下了其公司史上最高营业额和净利润。斯金格还表示，索尼现今的目标是成为消费电子及娱乐产品中的全球领导品牌。

壳牌：领先全球的能源品牌

英荷皇家壳牌集团，（通常简称"壳牌"），堪称全球领先的国际油气集团。壳牌公司的业务遍及全世界 130 多个国家，雇员约 10 万人，是世界上最大的能源企业之一。壳牌集团是世界上最大的跨国投资商，其品牌也是世界上最著名的品牌之一。

众所周知的壳牌集团，大约是在 100 年前由两家不相干的公司组合而成。一家是英国壳牌运输贸易有限公司，一家是荷兰皇家石油公司。壳牌运输贸易有限公司，前身是由老马科斯·塞缪尔创办的专门从事海产和贝壳生意的小公司，经由他的儿子小马科斯·塞缪尔和萨姆·塞缪尔的创新，大大拓展了公司的经营范围，从小装饰品经营发展到航运业，并且打破了传统航运模式，大大降低了成本，为该公司未来的扩张奠定了坚

实的基础。功成名就的兄弟二人为了纪念父亲，决定用各种贝壳为公司内的油轮命名，并一直延续至今。荷兰皇家石油公司成立于 1890 年，历史悠久，信誉卓著。1907 年为了应对美国标准石油公司的竞争，壳牌运输贸易有限公司与荷兰皇家石油公司结成联盟，逐步发展到今天的荷兰皇家壳牌集团。

由于是两家公司的合并结盟形成集团，壳牌集团的结构十分独特：世界各地的分公司是由总部设在荷兰的荷兰皇家石油公司和总部设在英国的壳牌运输和贸易公司共同管理的，其中荷兰皇家控股六成，英国的壳牌控股四成。还有一些公司则是壳牌和其他公司或政府的合资企业。而整个壳牌集团最大的股东是荷兰王室的投资公司。

如今的壳牌集团是国际上主要的石油、天然气和石油化工的生产商，在 30 多个国家的 50 多个炼油厂中拥有权益，而且是石油化工、公路运输燃料 (约 5 万个加油站遍布全球)、润滑油、航空燃料及液化石油气的主要销售商。

壳牌集团经营有五大核心业务，分别是石油和天然气的勘探和生产、油品、化工、天然气及发电、可再生能源。壳牌是世界上最大的石油勘探和生产企业，在全球 50 多个国家从事石油的勘探和生产活动，拥有最先进的技术，每天的石油产量超过 200 万桶。壳牌的燃油和润滑油产品都在与法拉利合作过程中的严格检验而研发出来，并通过遍布全球的 55 000 个连锁加油站和其他维修站网络销售出去。其中最负盛名的产品之

一便是壳牌喜力润滑油。该产品是壳牌专为法拉利 F1 赛车研发的，在为法拉利赛车提供最优性能的同时，提供最大限度的保护。

它还是世界主要的天然气生产和经销商。年销售天然气超过 650 亿立方米，仅次于世界最大的天然气生产国和出口国——俄罗斯。壳牌集团进入煤炭工业领域是在 70 年代，现在，该集团每年销售的煤约 5000 万吨。以销售额计算，壳牌集团的化工业务是世界十大化工公司之一，而且是世界上最大的石油化工和清洁剂中介产品生产商之一，也是主要的溶剂供应商和乙烯氧化物及其衍生物生产商。可再生能源是壳牌集团近年来新开发的领域，主要包括林业及太阳能的开发。这一业务是由集团下属的非传统业务部门 NTB 负责，该部门是为了拓展集团的业务范围在 70 年代成立的，业务范围包括生物业务（如微生物繁殖），替代能源技术和新材料等方面。

由于壳牌的起源是英荷两家母公司的联合，因而使它成为最具有国际性的主要石油公司。今天，壳牌集团在许多国家有业务往来，比其他任何石油集团都多；有国际员工约 5 700 名，超过其他任何公司。

迪奥：华丽高雅的代名词

迪奥的名字"Dior"在法语中是"上帝"和"金子"的组合，金色也成了迪奥品牌的常见颜色。以克里斯汀·迪奥先生名字命名的品牌 Christian Dior（简称 CD），自 1947 年创始以来，一直是华丽与高雅的代名词。它继承着法国高级女装的传统，始终保持高级华丽的设计路线，迎合上流社会成熟女性的审美品味，象征着法国时装文化的最高精神。而不论时装、化妆品或是其他产品，CD 在时尚殿堂一直雄踞顶端。

迪奥于 1905 年出生在法国的格兰维尔，家庭富有并受人尊敬。迪奥的母亲玛德林气质高贵，温柔典雅，她的美丽形象一直是迪奥的创作源泉。迪奥 5 岁随家人移居巴黎。卢浮宫的艺术氛围使他对美学产生极浓厚的兴趣。1927 年，他和友人开办小型艺术画廊，出售先锋派作品，不久画廊因欧洲经济危

机的冲击而倒闭。1934年迪奥因病离开巴黎。时隔数月迪奥重返巴黎并与友人合办一家百货商店继续出售艺术品，并在好友指导下开始学习服装素描与色彩搭配。1938年后迪奥的才华开始得到当时时装界巨头罗伯特·皮凯的赏识，被其聘为助理设计师。后来他又进入当时著名的卢西恩·勒隆时装公司，这期间他掌握了鉴别衣料及裁剪设计服装的一系列技巧，为此后的发展打下了坚实的基础。1946年，迪奥在棉花大王马赛尔的资助下开办了自己的设计室。从此，迪奥生气勃勃地开始了自己的事业。

可以说，迪奥是一个天生的设计师，从没学过裁剪、缝纫的技艺，但对裁剪的概念了然在胸，对比例的感觉极为敏锐。而多年的尝试与失败更使它日渐成熟，清楚地意识到了自己的天赋。1947年2月12日，迪奥开办了他的第一个高级时装展，推出了它第一个名为"新风貌"（New Look）的时装系列。这系列时装具有鲜明的风格:裙长不再曳地，强调女性隆胸丰臀、腰肢纤细、肩形柔美的曲线，打破了战后女装保守古板的线条。这种风格轰动了巴黎乃至整个西方世界，更使迪奥在时装界名声大噪。

迪奥的设计，注重的是服装的女性造型线条而并非色彩。50年代推出的"垂直造型"及"郁金香造型"就是迪奥提倡时装女性化这一设计理念的表现。1952年，迪奥开始放松腰部曲线，提高裙子下摆，1953年更是把裙底边提高至离地40

厘米，使欧洲社会一片哗然。1954年设计的收减肩部幅宽，增大裙子下摆的"H"型，以及同年发布的"丫型"、"纺缍型"系列，无不引起轰动。这些简洁年轻的直线型设计，始终体现着迪奥纤细华丽的风格，并始终遵循着传统女性的标准。

此外，迪奥还是第一个以注册商标确立"品牌"概念的人。他以品牌为旗帜，以法国式的高雅和品位为准则，坚持华贵、优质的品牌路线，运作了一个庞大的时装王国。盛年的迪奥在他事业鼎盛之际突发心脏病，于1957年10月辞世。但他的辞世并未影响迪奥如日中天的品牌声誉和稳固的公司组织。同年，伊夫·圣·洛朗被任命为迪奥公司的艺术总监。1958年1月30日，圣·洛朗发布了迪奥去世之后的第一个系列——"梯形线"，并大获成功。

虽然圣·洛朗随后离开迪奥开创了自己的工作室独立发展，但他也用自己的才华和努力稳定了CD品牌的形象与艺术发展趋向。此外，时装大师皮尔·卡丹也曾是迪奥旗下的设计师，迪奥的公司由此新人倍出。在圣·洛朗、皮尔·卡丹、马克·波翰、费雷，以及约翰·加里亚诺等优秀设计师的相继努力下，即使在竞争激烈的今天，迪奥仍是人们信赖、追求的，迪奥品牌也仍然是时尚时装界的魁首。

现任迪奥首席时装设计师约翰·加里亚诺（John Galliano），自从1996年离开纪梵希（GIVENCHY）加盟迪奥后，他的身份如同他的时装秀一样变幻莫测，让人充满想象。他集设计

师、模特、演员、商人等多种头衔于一身，在每场发布会结束后，他都会将自己盛装打扮后谢幕。加里亚诺的设计风格非常浪漫，服装造型更接近迪奥风格。加里亚诺加盟迪奥后推出的系列作品都是在戏剧化场景、情节和人物塑造中展示的，昔日梦幻中的女英雄、传奇女贵族、女优伶等都在加里亚诺光彩耀目的外形设计和典雅梦幻的氛围中悠然出现。"他以夸张、戏谑的手法生动描绘了物欲纷扰中人们不安、躁动的灵魂，使其作品吻合了当代人的脉搏律动。"自从他入主迪奥后，好莱坞明星们开始穿着由他设计的迪奥晚装处处亮相，从某种意义上来说，加里亚诺重新让这个有着半个多世纪历史的迪奥焕发新的生机。

迪奥当年在设计时装之后，选择了香水设计，他说："对女人来说，香水是不可缺少的，它是服装的最后一道工序，就像朗克里特做画完毕用来签名的玫瑰。""迪奥小姐"（Miss Dior）是迪奥的第一瓶香水，也是世界上第一种把橙花、鼠尾草、栀子花等清新香气作初调，沉香、岩蔷薇等浓香作为基调的香水，这一清一浓，既典雅又脱俗。再加上造型独特的水晶瓶，使这种香水深受女性喜爱，为迪奥连绵数十年香水传奇揭开序幕。"沙丘"（Dune）是1993年荣获"最佳女用香水"奖的香水，因为加入了一种海洋的气息，而成为一时之尚。获奖香水"甜蜜自述"（Dolce Vita）的创意，隐含在它复杂的类型描述中——花香调、清新辛香和淡雅木香型。而最畅销的

香水"毒药"（Poison）是一款淡香水，不仅"毒药"这个意味十足的名字十分引人注目，使人产生无法抵挡的好奇心，由辛香、草香、龙涎香混合调配而成的香氛圆浑厚韵，使每一位女性为之动容，又一次成为迪奥品牌成功的例证。

迪奥的首件化妆品——唇膏是于 1955 年问世的，1961 年迪奥推出了第一瓶指甲油。1966 年，系列完整、风格鲜明的迪奥彩妆产品正式登场，揭开了 CD 投身面部艺术的新时代。可以说，CD 护肤、彩妆系列是先进技术与化妆艺术的紧密结合。在技术开发方面，迪奥也自有独到之处。大部分化妆品厂商都是委托科研机构开发新产品，迪奥品牌则拥有独立的研究及生产中心，研究、试验和生产都在同一屋檐下进行，每年迪奥的科研投资都高达数千万美元，因而常有突破性的发现，例如脂质囊技术就是由迪奥品牌率先成功运用在抗衰老护肤品之中的。

夏奈尔：历久弥新的纯正风范

夏奈尔 (Chanel)，这名字代表了永恒的女性时尚，它为各时代的女性设计简单而高贵的风貌。无论是服装、珠宝、香水，还是化妆品，夏奈尔品牌都是时尚的代表。在夏奈尔永不停止的创造历程中，她不只缔造了流行，更一手勾画出了20世纪的时尚精神。"我创造了世界上最著名的风格。"的确，因为夏奈尔的出现，改写了时尚的流行史。夏奈尔品牌不仅仅是流行时尚的领导者，也是世界潮流的代言人，历时大半个世纪依旧独领风骚。

夏奈尔品牌是法国女子加布里埃尔·夏奈尔 (Gabrielle Chanel) 所创立并以她的名字命名的，"夏奈尔"的标志则是她的爱称"CoCo"的两个字母"C"的组合。夏奈尔 1883 年生于法国，5 岁那年双亲不幸去世，祖母把她送进一所以管教

严厉著称的修女院中。封闭压抑的环境激发了夏奈尔的叛逆心理，小小年纪便下决心要作为一名艺术家。少女时期，她在餐厅里当过女侍者，并在这里得到了 CoCo 的昵称。 28 岁那年，她认识了一位叫埃提耶的绅士，他把夏奈尔从底层平民区带入了贵族社会。夏奈尔从那时起开始培养生活品位和艺术感受，并对设计产生了浓厚的兴趣，很快就拥有了她的第一家时装店。

第一次世界大战爆发后，女性纷纷丢下围裙，走出家门进入社会。她们这时开始讨厌传统、笨重的长裙，夏奈尔意识到，时代已经发展到了女性换装的时候，于是她设计出了一系列被称为"中性"的套装。这一时期的"黑色短套装"，还有她独创性的女性长裤，都是对传统观念的突破。女性从此在衣装上不再受束缚。一夜间，夏奈尔的名字在法国迅速走红。

夏奈尔认为，流行会变化，但简洁浪漫的风格是永不落伍的时尚，而这种风格也成为了其终生追求的目标，实用又不失女性美则是其设计的宗旨。她设计的裙装常带褶皱，便于女子双腿交叉或自由出入；她设计的上衣袖笼开口高，便于穿着者双臂运动自如；她用小山羊等皮毛做外衣，既保暖又美观……凡此种种都是其设计理念的体现。与其他设计师一样她也喜爱用珠宝玉石等饰物来装点时装。1932 年她设计了戴在额头上的钻石刘海儿及其他头饰，1935 年又构思了参差不齐的马耳他十字形彩色象牙边。除此之外夏奈尔还喜欢设计与夏季晚礼

服配套的手套、皮鞋、女包等。作为一位女性设计师，夏奈尔的观察力颇为细腻，她善于抓住一闪而过的灵感，把外表之美与内在之美融为一体。有人说："夏奈尔总能在适当的时间适当的地方做适当的事情。"这是夏奈尔成功的关键。

夏奈尔曾经说过："不使用香水的女人，是没有将来可言的。"她还就香水与服装结合说过："香水是女人装扮自己的最后一个动作。唯有轻点过香水的女人，才是着装完毕、引人入胜。" 1921 年，夏奈尔推出了著名的"夏奈尔 5 号"香水（No.5 Chanel），以其独特的化学合成香水气味，加上有 26 个钻石切面瓶塞的简洁包装设计，轰动了当时的时尚圈，更跨越国界、种族与历史，成为多年后 21 世纪新女性仍然极为推崇的香水，至今仍销售不衰。

20 世纪 30 年代初的法国，经济萧条，正是奢侈品市场最疲软之时，夏奈尔推出了一系列光彩夺目的华贵珠宝。1932年夏奈尔在她当时的伴侣、著名插图画家、艺术指导保罗·伊里巴的协助下，以设计时装的手法，推出一件件精美绝伦的杰作:点缀繁星的项链、异国情调的胸针、镶满宝石的白金手镯等等。款款如行云流水般精美，并且散发出前所未有的现代气息，璀璨夺目的光芒中透出丝丝傲气。

高级珠宝的佩戴者通常非富即贵，但夏奈尔一反传统，始终置身于金碧辉煌的珠宝流行之外，她认为过分的装饰表露出的是本性的软弱和贪婪。因而，在经济鼎盛时期，夏奈尔会公

开批评盲目的珠宝流行风，告诫姑娘们不要戴着钻石项链满街跑；而到了萧条时期，她却一反常态地全力投身于珠宝业。在夏奈尔看来，首饰和时装在设计上有异曲同工之处，她就是凭着这一信念叩开了墨守成规、传统保守，历来为少数几家公司垄断的珠宝界的大门，并成功地引入了珠宝创造的新观念，为这一古老的行业注入了活力。依靠她带来的前所未有的新概念，法国的高级珠宝业得以摆脱困境，重现生机。时至今日，夏奈尔依旧处于高级珠宝之巅，并在巴黎珠宝业的心脏芳栋广场占据了一席之地。

"20岁的容貌，是上帝赐予的礼物，50岁的容貌是靠自己争取得到的。"夏奈尔这一睿智的论断，为夏奈尔化妆品的宗旨下了一个精辟的注脚。1917年，夏奈尔首度推出美容产品并受到全球女性钟爱的盛况，充分说明她不但擅长设计流行时装，更关心女人的真正需求。自由、简单、舒适、自然、高雅、彻底释放女性身心，这些观念落实在夏奈尔的美容用品之中，与其时装设计理念完全一致。这些观念使得夏奈尔彩妆系列，不仅为女人雕琢完美的容颜，提供多彩靓丽的流行方向，还力求使女性将日常例行公事的装扮，演化成华丽而愉悦的享受。夏奈尔还坚持美貌和心灵必须一起成长，强调"美貌不是年龄的问题"，要"积极、主动地照顾容貌"。

第二次世界大战后，欧洲的经济跌至谷底，夏奈尔的生意也非常萧条。战争结束后，夏奈尔干脆退休，移民到瑞

典。这一时期的夏奈尔品牌处于停止状态。而 1954 年在她 71 岁时，夏奈尔又返回到法国，东山再起，重开夏奈尔服装店，她以无与伦比的意志与自信心，战胜了怯懦与高龄，终于复兴了"夏奈尔帝国"。

纪梵希：优雅的代名词

　　1952 年，纪梵希（Givenchy）品牌在法国正式诞生，它是以其创始人、第一位首席设计师休伯特·德·纪梵希 (Hubert de Givenchy) 的名字命名的。50 余年来，纪梵希凭借其独树一帜的优雅格调，在时尚界享有盛名。而纪梵希著名的 4G 风格——Gneteel（古典）、Grace（优雅）、Gaiety（愉悦）、Givenchy（纪梵希）更衍生在其同名彩妆及保养品牌上，使不同时代的女性都纷纷趋之若鹜。时至今日，虽历经不同的设计师，但纪梵希的 4G 精神却未曾变动过。同时，纪梵希的标志也是 4 个字母 "G" 的变形组合。

　　纪梵希 1927 年出生于法国比恩弗斯——一个织锦画艺术中心。他的祖父是哥白林双面织锦挂毯工厂的总监，对印染另有研究。纪梵希从小在工艺美术品生产的环境中耳濡目染，那

些优美雅致的产品引起了他浓厚的兴趣，他开始向往做一名服装设计师。1945 年起，纪梵希开始了他的时装设计生涯。他先是为一些当时著名的服装公司和服装店工作，其间又先后在包克思艺术学院和巴黎艺术大学进修。这段时间的学习收获和为名家、名店的工作经验，令纪梵希受益匪浅。1952 年，纪梵希自己的时装店开业了，同年，他推出了以"十九世纪旅馆特色"为主题的个人首次作品展。在这次展出中，他用一系列白色普通被单，将其精妙的构思表现得淋漓尽致。这不仅给当时的时装界带来了一股清新明快之风，更缔造了时尚史上一次永恒的经典纪录。

1957 年，纪梵希成立了另一家公司，同时推出两种香水。此后，纪梵希名下的产品也陆续开始扩充：1959 年推出第一支男性香水；1968 年，纪梵希成衣系列上市；1975 年推出简洁得体的男装系列；1989 年，彩妆系列与护肤系列上市。1988 年，纪梵希品牌被法国的 LVMH 集团收购，但纪梵希本人仍主持品牌时装的设计工作，直至 1995 年退休。

纪梵希服装华贵典雅的风格，或多或少是纪梵希本人个性的反映。他曾说："真正的美是来自对传统的尊重，以及对古典主义的仰慕，"这句话准确地描绘出其设计的精髓，也精确地表达了他是一个优雅的完美主义者。

纪梵希本人有着湛蓝的眼睛，爽朗的笑容，因其 198 厘米的身高而被人们誉为"时尚巨人"。又因为他在任何场合出现

总是一副儒雅气度，所以又被人们称为"时装界的绅士"。1995年7月11日，在时尚界奋斗了43年的纪梵希，在他的最后一次高级时装发布会后宣告引退。这台展示会是空前的，也是令人难忘的，"时尚、简洁、女性化"——人们在他塑造的活泼而优雅的女性形象中重温了这一品牌多年来的风格本质。

　　纪梵希隐退后，接任的多位设计师将纪梵希传统的精神发挥到了极致。同时，纪梵希还有彩妆大师奥利佛的强势加盟——奥利佛被誉为纪梵希色彩世界的魔术师，不少名媛明星都在他的巧手下焕发出迷人的风采。在累积了多年的经验后，奥利佛显出极具个人特色的风格，也因此奠定了他目前在彩妆界的地位。有人说，在色彩的世界里，他已经到了出神入化、随心所欲的境界。如今，他担任纪梵希的彩妆创意总监，负责创造纪梵希所引领的流行色彩。在他的专业装点下，纪梵希已经成为流行舞台上最耀眼的一颗明星。

阿玛尼：大家风范

乔治·阿玛尼（Giorgio Armani）在国际时尚界是一个富有魅力的传奇人物。他设计的时装优雅含蓄、大方简洁，阿玛尼（Armani）品牌在大众心目中已超出其本身的意义，而成为了事业有成和现代生活方式的象征。

1934 年 7 月 11 日，乔治·阿玛尼出生于意大利。早年的阿玛尼曾经想成为一名救死扶伤的医生，因此他在服完兵役后便进入了一所医学院深造。但两年后，由于晕血，他无奈放弃了医学，改行到一家百货公司布置橱窗。然而这一无心之举却造就了一名日后叱咤风云的时装大师。阿玛尼在百货公司一段时间后，便因为自身的才干和务实被提升为男装部主任。这一段经历使他掌握了许多商业知识和时尚变化的规律，为他以后事业的拓展奠定了坚实的基础。1961 年，乔治·阿玛尼以设计

师的身份加盟尼诺时装公司。在那里他学会了在严格细致的工作中创造激情，以科学合理的设计展现魅力，以及运用朴素简洁的材料表达精巧柔美的气质，并将此种设计理念执着不渝地融入以后的创作中。1970 年，阿玛尼与建筑师赛尔焦·加莱奥蒂开始合作，并于 1975 年创建了 "Giorgio Armani" 公司，同时注册了自己的商标。

在那个时代，社会上刚经历了六七十年代"嬉皮士"、"朋克"的纷杂混乱、变幻莫测，人们对光怪陆离的打扮方式也心存倦意。此时阿玛尼高雅简洁的服装风格，庄重洒脱的大家风范，使人耳目一新，满足了人们新的时尚需求。他推出的第一个男装系列就赢得了普遍的赞誉，其外套的特点是斜肩、窄领、大口袋。到 70 年代末，阿玛尼又将男西装的领子加宽，并增加了胸腰部的宽松量，创新推出了"倒梯形造型"。阿玛尼的设计构思认真、富有创意，服装质量优异、价格适宜，这些优点使他的服装销售量迅速增长。1976 年，阿玛尼的时装销售额仅为 9 万美元，几年后便猛增至 1 400 万美元，现在他拥有的是营业额高达 2 亿多美元的庞大服装帝国，阿玛尼也成为了欧洲最顶尖，同时也是全球最时尚的时装品牌之一。

阿玛尼在 80 年代女装上的革新成就至今仍被人们所津津乐道。当时的服装界流行的是"圣·洛朗式"的女装原则。多数为修身的窄细线条，而阿玛尼大胆地将传统男服特点融入女

装设计中，将其身线拓宽，创造出划时代的圆肩造型，加上舒适的运动衫、宽松的便装裤，为当时的时装界吹起了一股轻松自然之风。由于这种男装女用的思想，与 20 年代为简化女装做出突出贡献的夏奈尔所提倡的精神有着异曲同工之妙，阿玛尼因此被称为"80 年代的夏奈尔"。改良后的宽肩女装深受职业女性的欢迎，而他设计的宽大局部的夸张处理成为了整个 80 年代的代表风格，有人甚至称 80 年代是"阿玛尼的时代"。

进入 90 年代后，阿玛尼的创作更趋成熟，他认为浮华夸张已不再是潮流，即使是高级晚装也应保持含蓄内敛的矜持之美。优雅、简单、追求高品质而不炫耀，"看似简单，又包含无限"，是阿玛尼赋予品牌的新精神，也使他成为影响"极简主义"的重要人物。这时起，他的设计并不启发人们童话式的梦想，而是追求自我价值的肯定和实现。他的服装给予女人的是自信，并使人深切地感受到自身的重要。

时至今日，阿玛尼公司的业务已遍及了 100 多个国家。除了高级时装 Giorgio Armani 之外，阿玛尼旗下还有多个品牌，如成衣品牌 Emporio、女装品牌 Mani、休闲服及牛仔装品牌 Armani Jeans 等，其中产品种类除了服装外，还设有领带、眼镜、丝巾、皮革用品、香水等。Emporio Armani 则是这些品牌中的佼佼者，"Emporio"的意大利语的意思是指百货公司，即"Armani 百货公司"，这是 Armani 的年轻系列的牌子，其中的货品种类林林总总：有男装女装、鞋履、香水以至眼镜饰物

等等。风格走年轻路线，为爱阿玛尼但不喜欢穿成熟路线的年轻人提供了多样的选择——一间他们喜爱的生活百货。

阿玛尼品牌的服装多采用纯天然或混纺织物，质地精巧考究，图案简而不板，色彩柔和而理智。色彩上多采用经典的黑、白、灰、米色等等。精确的结构设计，考究的细节加上细致入微的裁剪和做工，使阿玛尼的每件服装都无法模仿，成为精品中的精品。

阿玛尼的男装、女装都有一个共同特点，就是穿起来潇洒自如，没有拘谨、造作之感。阿玛尼本人认为，他这一设计特色得益于美国，他说过："对我设计影响最大的，是来自美国校园里的便装和运动装，它看上去很简单，但当时的欧洲却没有。"正因为这种貌似简朴、实为讲究的含蓄品位，令许许多多有教养、有品位，或性格沉稳文静，或事业有成的人士纷纷为阿玛尼品牌解囊。

范思哲：古典而前卫

　　范思哲（Versace），一个享誉全球的时尚品牌，是意大利古典文化与现代流行精神的完美结合。范思哲代表着一个品牌家族，一个时尚帝国，它的设计风格鲜明，独特的美感表现着极强的先锋艺术。它自产生之日起，便如一股来势凶猛的飓风，席卷和摇撼了时尚界的旧秩序，赋予时尚以崭新的概念。

　　范思哲品牌创始人詹尼·范思哲生于意大利南部的一个小城，他自小跟随身为裁缝的母亲专心学习裁剪，踏上了服装设计的道路。成年后的范思哲感到家乡太小太平淡，于是在1972年来到意大利的"时装之都"米兰，想要开辟一片自己的事业。当时意大利时装业刚刚起步，成衣生产一片兴旺，他凭着天时地利以及自己的才华和无所畏惧的精神，渐渐在时装界站住了脚。

随后范思哲便把家人也接到了米兰，开始以传统的家族联合方式创基立业。哥哥圣多完成商业学习后曾为两家连锁家电商店管理过财务，他的加入使范思哲的家族产业很快运作起来。这期间，兄弟俩还将在佛罗伦萨大学专攻语言学的妹妹多纳泰拉请到米兰，自此，詹尼·范思哲主管设计开发，圣多负责经济管理，多纳泰拉致力宣传推广，他们利用彼此的天赋，把工作、家族、团体的概念和谐地融合在一起，立即显示出与众不同的强劲实力。

1978 年，范思哲首次推出了品牌女装，并很快开设了第一家范思哲专卖店。1981 年，范思哲的第一款香水问世，范思哲品牌就此在米兰时尚界脱颖而出。1989 年，范思哲将意大利风格引入巴黎，向法国人展示了一种另类的写意奔放的设计风格：范思哲崇尚的是积极进取，宁可因过激而表现出唐突、莽撞，也绝不落入平庸的俗套。

范思哲品牌以其独特的风格迅速成为国际品牌，这一卓越成就得益于两个方面：一是范思哲本人独到的艺术眼光，二是他一丝不苟的创作精神。他对设计倾注了大量心血，特别是在寻找新型材料上，几乎是苛求"衣不惊人死不休"。范思哲的设计，把古典、传统的风格完美地融于现代风格之中，在视觉上给人们带来超时代的、引人瞩目的新鲜感。他擅长对色彩的运用，如用黑色来协调红、黄、蓝、绿等鲜艳的亮色，使他的作品色彩亮丽、动人。富于灵感的、梦幻般的色彩再加上精美

的包装，使他的设计成为了一个和谐的整体。范思哲的崛起促使时装业本身的精神实质得到了升华，他把普通的衣服变成了艺术。这是范思哲对世界时装业的巨大贡献。

范思哲的成功之处还在于，他能够通过传媒手段和明星人物把自身品牌的影响扩展到极致。范思哲对"超级模特"这一时尚产业的铸就可谓居功至伟。在范思哲之前，世界时装业只是由时装公司临时雇用一些模特参加表演，并没有靠时装业本身造就的超级模特儿。而范思哲却一手培植了一批超级模特，这些模特以她们无与伦比的魅力，超凡脱俗的优雅，令人难以置信的完美身材，再加之引人入胜的花边新闻，成为了 20 世纪末女性气质的标准偶像，占据了各种新闻媒体的重要篇幅。

举世闻名的电影明星史泰龙，他身材结实，肩宽体壮，但是按照美国人的标准体形来衡量，史泰龙就显得有点身材不够修长，而双肩宽度过大。范思哲在 1991 年为史泰龙精心设计了两套服装，一套深蓝色的西装加上牙白色的衬衣，掩饰了两肩过大的缺陷，使史泰龙的身条顿时挺拔了许多，至今范思哲为史泰龙设计的这套西装仍为美国演艺界和时装界所推崇。还有 90 年代初，麦当娜为范思哲拍的一系列宣传照，更是范思哲历代广告中的经典之作——麦当娜的野性与范思哲的明艳被称为天衣无缝的组合。

范思哲除时装外，还经营香水、眼镜、丝巾、领带、内衣、包袋、皮件、床单、台布、瓷器、玻璃器皿、羽绒制品、

家具等产品，他的时尚产品已渗透到了生活的每个领域。鲜艳斑斓的色彩，大胆奔放的设计风格。范思哲品牌坚持着贵族式的优雅华丽，尽显奢华。他创造的无数个奇迹使他无疑成为20世纪末时尚界最炙手可热的设计师之一，在人们的心目中，范思哲品牌就是意大利时尚的标志，而范思哲本人则是当之无愧的大师。但不幸的是，1997年7月25日，范思哲遇袭身亡，而这一天，也被人们称作"时尚史上最黑暗的一天"。

多纳泰拉在兄长去世后接过了范思哲品牌，并传承了这一时装品牌的设计风格。1998年，在范思哲去世一年后，多纳泰拉第一次独立举行了高级时装发布会，向世人表明范思哲品牌并未随着创始人逝去而一蹶不振。此外，多纳泰拉还成了范思哲品牌的公关巨人，她将范思哲品牌推广到欧洲以及美国等大部分地区。

尽管多纳泰拉很快拥有了自己的设计风格，并逐渐为人接受，但公司的销售业绩却一直不令人满意。2004年，依照范思哲遗嘱，年满18岁的阿莱格拉正式继承了舅舅留下的50%股份，成为范思哲第一大股东。她作出的重大决定让范思哲开始走出困境：聘请职业经理人吉安，带领公司从家族企业走向现代管理型企业。吉安风格沉稳，貌似与范思哲个性张扬的文化不太吻合，但他深谙意大利时装业的历史和运作。2004年8月，吉安正式接任CEO职位，范思哲兄妹分别担任公司董事局主席和副主席，多纳泰拉担任公司设计总监，专注于她一生

热爱的创意设计。吉安上任后立即作出了一个扭转乾坤的战略决定，那就是对范思哲品牌进行重新定位：将范思哲品牌调至到高端，果断砍掉低端产品线，告别奢侈品大众化路线，回归"奢侈只为一部分人享有"的传统。吉安说，"这就是我们想打造的范思哲品牌，一种源自意大利的，高端、奢华、优雅、精致的生活方式。"

华伦天奴：不为流行所惑

华伦天奴（VALENTINO）品牌的标记是"V"字，它是意大利设计师华伦天奴·加拉瓦尼（Valentino Garavani）名字的开头字母。华伦天奴虽然自创立至今只有40多年，但其品牌所代表的都市风范和豪华气派一直为世界各地的成功人士所钟爱，因而跻身传统经典名牌之列。V 是 VALENTINO 时装的单一象征，这个40多年前出现的标志，今天已经成为了时尚的象征。

华伦天奴本人1932年出生在意大利北部的 Voghera，幼年起便渐渐展露出众的艺术天赋和审美情趣。1959年，年轻气盛的华伦天奴从法国巴黎回到意大利罗马，开始独自创业。1960年他成立了华伦天奴女装品牌公司，并一举成名。1962年华伦天奴的事业达到顶峰。他在佛罗伦萨的时装秀场场爆

满。华伦天奴本人也就此被认为是高级女装业中的精英人物，是意大利的骄傲，因为他是第一位在高级女装业获得国际性地位的意大利设计师，他的出现结束了法国设计师一统天下的局面。

在时装设计上，华伦天奴采用让穿者感到舒适的面料，并能以优雅的线条，表达高尚典雅的格调，因此在欧洲名流社会中广受推崇。在其设计作品中短外套、大衣占有重要地位。华伦天奴为提高服装品级，他常将对比及夸张等手法运用于时装设计之中，例如在打褶的毛衣下配之以金银线薄绸裙，用高级真丝制作 T 恤衫并在袖口缀之以珠宝饰品。华伦天奴还将法国刺绣、意大利面料与精湛的手工技巧结合起来。凡此种种都是他成功的范例。

"追求优雅，绝不为流行所惑"是华伦天奴关于时装设计的名言，他将这一思想充分发挥于作品之中。正是由于他具有敏锐过人的创造力，才使他开拓了意大利乃至整个西方世界时装发展的新纪元。20 世纪 70 年代，他倡导了"穿衣新法"，如紧身开衫配以印花打褶裙，套装衣裤外加及地大衣等。华伦天奴对于 20 世纪 80 年代的流行风潮并不欣赏。他讨厌蓬松的发型和高高的垫肩造型。但是即使在那样的情况下，他还是通过保持独特的个性，赢得了许多粉丝的追捧。因为他奉行的理念是，"把每个女人最美丽的一面呈现给世人"。

Valentino 在意大利语中意为"情圣"，这个名字仿佛昭示

着这一品牌从诞生之日起，即与高贵雍容的名媛丽人结下了不解之缘。华伦天奴的设计讲究运用柔软贴身的丝质面料和光鲜华贵的亮缎绸，加之合身剪裁及华贵的整体配搭，舒展了名流淑女们梦寐以求的优雅风韵，赢得了杰奎琳·肯尼迪、玛格丽特公主、美国前第一夫人南希·里根以及大明星茱莉亚·罗伯茨、妮可·基德曼等人的青睐，她们甚至被贯上 "Val's Gals" (华伦天奴女人) 的称号。而华伦天奴作为上流社会时尚的制造者，既是设计师，同时更像一名社交界的大明星，这是他成功的又一大原因。华伦天奴深信高级时装不但需要有能力欣赏的人，更需要有财力欣赏的人。他与众多社会名流、超级明星都交往甚笃，并且毫不掩饰地说道："我就是专为有钱人做衣服的人。"

华伦天奴的品牌战略和创意一度推动全球时尚界进入新的水平，显示出胜人一筹的王者雄风。华伦天奴旗下子品牌众多，许多标志性的设计都在服装界有着重大意义。标准色"华伦天奴红" (VALENTINO Red) 的采用，以浓烈而华贵的霸气震慑人心——"红，是一种妖媚的色彩，代表了生命、血、死亡、热情和爱，是哀伤和忧郁的最佳药物，也是我设计的衣服系列中最为畅销的颜色。"华伦天奴晚装以一贯的极致优雅 V 型剪裁，让众多名媛折服在这种纯粹和完美的创意之中；华伦天奴·加拉瓦尼 (VALENTINO Garavani) 的传奇则被公认为"意大利制造"的标记。

华伦天奴于 2008 年退休，华伦天奴现任设计师为 Maria Grazia Chiuri 和 Pier Paolo Piccioli 的组合，他们承袭了华伦天奴一贯的华贵之风，今天华伦天奴依旧是全球高级定制和高级成衣的最顶级奢侈品牌。

耐克：运动的语言

耐克（Nike）公司是全球最著名的体育用品制造商，生产的体育用品包罗万象，包括服装、鞋类及运动器材等等，它被誉为是"世界新创建的最成功的消费品公司"。

1958 年，耐克的创始人之一菲尔·奈特（Phil Knight）还只是个大学生、业余田径选手，他经常在练习时，向教练包尔门（Bill Bowerman）抱怨美国从没有生产过一双真正好的运动鞋。奈特主修会计学，他毕业后返乡任教于波特兰。1964 年，奈特与包尔门各出资 500 美元，成立了蓝丝带体育用品公司（Blue Ribbon Sports）。

当时的蓝丝带体育公司主要经营方向是代销日本运动鞋品牌，公司经营良好，业绩增长迅速。1966 年，蓝丝带体育开了第一家专营店。1972 年，随着和代销日本品牌的合作终止，

两位创始人决定开发并制造自主设计的运动鞋，并将制作任务承包给了劳动力相对低廉的亚洲工厂——这一举措大大降低了成本，成为耐克日后成功的重要因素之一。一双耐克鞋，生产者只能获得几个美分的收益，而凭借其技术创新、款式和在全球的销售，耐克公司能从中获得几十甚至上百美元的利润。

为了给自主设计的鞋子取一个响亮的名字，也为了拓展国外市场、改善公司的形象，奈特决定为公司改名。他最初提出以"六度空间"为名，但被公司职员否定。最后奈特便要求职员在规定期限之前提出一个更好的名字，否则就坚持以"六度空间"为名。公司一位名为杰夫·约翰逊的职员挖空心思、绞尽脑汁地想，但是进展并不大。杰夫累得打起了瞌睡，这时他却梦到了古希腊传说中掌握胜利的女神 Nike（Nike of Samothrace）。传说中的 Nike 女神身上长有双翅，拿着桂冠和橄榄枝，给人们带来胜利和诸神的礼物。她是吉祥、正义和美丽之神。梦境中的女神给喜爱古希腊文学的杰夫带来了灵感，于是他利用两地的时差，拖延 3 个钟头，终于在规定期限之前，提出以 Nike（耐克）作为蓝丝带体育的新名字。这一名字也得到了奈特和全体员工的认可。不过直到 1978 年，公司销售额突破 1 亿美元以后，蓝带体育用品公司才正式更名为耐克公司，而今这个名字，早已身价亿万。

在 1980 年的美国，耐克所生产的体育用品已经占据了约 50%的市场份额，初步超过阿迪达斯，坐上了美国行内的头把

109

交椅。在以后的时间里，耐克牢牢地掌握了市场目标的脉动，将自身产品定位在挥洒青春、张扬个性的青少年身上。因为能充分掌握年轻人对运动休闲鞋的需求、了解他们的生活状态与心理渴望，耐克推出的极具创意的产品和举办的时尚促销活动，都获得了一众年轻人的喜爱和追逐，取得了极大的市场成功。同时，耐克开始实行更积极进取的市场活动——铺天盖地的广告宣传和签约顶级运动员。

1982 年 10 月，在纽约马拉松赛事播出的季节，第一只耐克品牌全国电视广告播出。从此开始了耐克传奇式的广告宣传时代。1988 年，W&K 广告公司创始人丹·维登为耐克新一轮的广告创造了"只管去做"（Just Do It）这一响亮的口号。而耐克的"只管去做"被著名的《广告年代》杂志评为 20 世纪最棒的 5 条广告标语之一。

在 20 世纪八九十年代的大部分时期，专业运动员被像英雄一样崇拜，因此耐克投入大量资金，请成功、富有魅力的知名运动员为其产品代言。1984 年，耐克不惜重金以礼聘 NBA 巨星迈克尔·乔丹（Michael Jordon）为产品代言人，给乔丹的条件还包括赠予耐克的股票，以及前所未有的礼遇——在耐克运动鞋上使用乔丹的名字。耐克当时在乔丹身上花费的费用合计高达每年 100 万美元。这个价目是阿迪达斯或匡威邀请代言人的 5 倍。阿迪达斯和匡威都认为乔丹不过又是个产品代言人而已，却没想到他会成为一个市场战略和整个运动鞋、运动服

生产线的核心。《财富》杂志也曾刊登过一篇醒目报道，认为就耐克当时的财务状况，签订这么个合同实在是个大错。结果却证明，耐克（Nike）与乔丹的这次合作是个"完胜"的交易，这在很大程度上要归功于乔丹，他超出了许多人的预想。乔丹对耐克的影响是巨大的。乔丹身上凝聚的过人声望、高超的竞技水平和令人振奋的体育精神，使耐克得以在美国刚刚开始盛行的篮球运动上大做文章。几乎一夜之间，即使不从销量上看，耐克也成了高档篮球鞋的主导产品。

继乔丹之后，耐克又签下了高尔夫球天王巨星老虎·伍兹（Tiger Woods），1996年再与巴西足球队签下一纸"天价"合约，除了赞助其比赛所用体育服饰外，更买下了巴西国家队及五个世界级锦标赛的电视权利。此后，Nike钩形标志如影随形地出现在世界重量级体育赛事的电视转播中。

如今，几乎世界所有体育项目中，都有顶级运动员与耐克签有合约。顶级的运动员是少数的，但这少数一部分却具有很强的辐射力。利用运动员为产品做宣传的不止耐克一家，但只有耐克做得最成功。耐克公司有一句话，经营的秘诀是为运动员制造出优质的鞋，让他们走在时尚的前面，市场的其他人都会追随仿效。耐克公司用自身骄人的业绩印证着包尔门曾说过的一句话："只要你拥有身躯，你就是一名运动员。而只要世界上有运动员，耐克公司就会不断发展壮大。"

耐克公司的业绩在90年代一路飞速发展，1995年其全球

销售额上升三成，利润则增长了一半。耐克公司的股价也随之水涨船高，由两年前每股 43 美元，猛涨到 1995 年的每股 103 美元。华尔街投资商和分析家中的许多人在 80 年代以前一直不看好耐克公司："耐克没有多少发展的基础和前景。"如今却解嘲道："上帝喜欢创造神话，所以他选择了我们意想不到的耐克。"

时至今日，耐克依旧牢牢地占据着全球运动鞋市场的霸主地位。可以说，富于创新的设计，迎合时代的潮流，以及高超灵活的推销技巧，是耐克出奇制胜的法宝。这其中，对技术的开发和创新一直为耐克所高度重视——几乎不亚于其对广告宣传的热衷。

30 年来耐克公司投入了大量的人力、物力用于新产品的开发和研制。耐克首创的气垫技术给体育界带来了一场革命。运用这项技术制造出的运动鞋可以很好地保护运动员的脚踝，防止其在做剧烈运动时扭伤。采用气垫技术的运动鞋一经推出就大受欢迎。普通消费者和专业运动员都对它爱不释手。2001 年，耐克公司在研制出气垫技术后又推出了一种名为 Shox 的新型防震技术。采用这种技术生产出来的运动鞋同样深受欢迎，销量节节攀升。除运动鞋以外，耐克公司的服装也不乏创新之作。例如运用 Fit 技术制造的高性能纺织品能够有效地帮助运动员在任何气象条件下进行训练和比赛。耐克公司制造的其他体育用品，如手表、眼镜等等也都是高科技的结晶，这些

产品不仅成为运动员比赛中不可或缺的有力助手，也令成千上万热衷于追逐时尚的年轻人趋之若鹜。

路易·威登：享誉全球的皮具世家

  路易·威登品牌的皮具享誉全球。携带路易·威登的箱包出门，无论走到哪里，几乎都成为了身份和高贵的象征。路易·威登是"LOUIS VUITTON"的中文音译，但更为人们所熟知的是几乎随处可见的大写字母组合"LV"。近年路易·威登男女成衣、皮鞋及配饰的推出，更扩大了其在名品领域中的影响。虽已创立百年以上，但路易·威登品牌随着时代的转变，不仅没有呈现老态，还不断地登峰造极。

  路易·威登这一品牌创立于1854年，始创人路易·威登的第一份职业是为名流贵族出游时收拾行李。他见证了蒸汽火车的发明，也目睹了汽船运输的发展，同时也深深体会到当时收叠式圆顶皮箱的携带不便。于是，路易·威登革命性地创制了平顶皮制衣箱，并在巴黎开了他自己的第一间店铺。他制造的

皮箱轻巧耐用、结实防水，加上出色的设计和精细的手工，其声名很快传遍欧洲，王公贵族随即成为它的主要顾客。1896年，路易·威登的儿子乔治用父亲姓名中简写的 L 及 V 配合花朵图案，设计出到今天仍蜚声国际的交织字母"LV"样式。从此后，大写字母组合 LV 的图案就一直是路易·威登品牌的象征符号，历时半个世纪，经久不衰。

第一次世界大战时，路易·威登为适应当时的需求，开始制作军用皮箱及可折叠的担架，以卓越的质量赢得了更多的赞誉。战后，他又专心制作旅行箱，并获得不少名人的垂青，订单源源不绝。历年来，LV 推出了多项经典设计。Trianon 行李箱是路易·威登推出的第一件旅行用皮件。这是一种采用木制长方型框架，表面覆盖 LV 独创布料的皮箱，外型美观，轻巧牢固。而路易·威登旅行用品的设计总是非常独到，无论人们的要求有多苛刻，他们总能在 LV 产品中得到满足——这就是路易·威登品牌所奉行的"旅行哲学"。比如，早期的 LV 行李箱内，就已经辟出了存放相机等易碎品的空间，而用锌和樟木制成的密封防水行李箱，可以应对湿热多虫的气候。二次世界大战期间，欧洲不少汽车上都配备着防水防尘的 LV 行李箱。

到路易·威登的孙子加斯腾 (Gaston) 的时代，LV 产品又开辟了新的领域，开始向豪华高贵的风格进发，他们创制出款款特别用途的箱子，有的配上玳瑁和象牙的梳子及水晶镜子，有的缀以纯银的水晶香水瓶，精致华丽的产品一经推出，

便受到了热烈的欢迎。路易·威登公司还会应个别顾客的要求，为他们量身订制各式各样的产品。到今天，LV 除了秉承传统优良的皮革工艺之外，仍不断研究开发新产品，它延伸出来的皮配件、丝巾、笔、手表甚至服装，都是 LV 精致舒适的"旅行哲学"的体现。

路易·威登高度尊重和珍视自己的品牌。他以自己的名字为品牌命名，从中注入了他追求品质、精益求精的经营态度。从路易·威登的第二代传人乔治·威登开始，LV 的后继者都不断地为品牌增加新的内涵。第二代族人为品牌添加了国际视野和触觉，第三代又带来了热爱艺术、注重创意和创新的特色。至今，已有 6 代威登家族的后人为这一品牌工作过。同时，不仅是其家族的后人，连每一位进入到路易·威登家族的设计师和其他工作人员也都必须了解路易·威登的品牌历史，并在工作和品牌运作中将这种独特的"LV 文化"发扬光大。

路易·威登品牌的另一个成功秘诀就是，力求为尊贵的顾客营造一种"家庭的感觉"。路易·威登承诺为他的每一位客户提供永久的保养服务，路易·威登品牌的产品可以由祖母传给妈妈，妈妈再传给女儿，代代相传，无论什么时候将路易·威登的产品送去修理养护，路易·威登专卖店都会责无旁贷、尽己尽力予以帮助——让一家三代能持续地拥有一个品牌的产品，这对于一个品牌生命力的延续意义非常重大。

路易·威登的各种旅行箱、提包、背包、皮夹约一个月就

会推出新款式，极具气派的耐用皮具，采用的皮料大部分都具防水及防磨损性能，加上极坚韧牢固的线脚，令每个 LV 皮具都非常耐用。每个正品路易·威登皮具都有一个独特的编号，印压在一个不显眼的地方，这也是鉴别真伪 LV 的方法之一。多年来，路易·威登的形象专业低调，但又不失高贵，其黑、白、灰、咖啡、天然色等基本色调的服装，再配上任何款式的 LV 皮包，无不时时衬托出穿着者的独特气质。

　　几乎用过路易·威登皮具的消费者都知道，这些皮具用过十几年，都还是可以完好如初，而皮色也会因为长期与肌肤的碰触，久而久之变成自然且典雅的颜色。甚至有传闻，"泰坦尼克号"（Titanic）沉没海底数年后，一件从海底打捞上岸的 LV 硬型皮箱，竟然没有渗进半滴海水；还有传言，某人家中失火，衣物大多付之一炬，唯独一个路易·威登皮包，虽然外表被烟火熏黑变形了，内里物品却完整无缺。虽然这些传闻都有点夸张、不可思议，但也证明世人对路易·威登品质的信任，证明着这一品牌有着不可动摇的地位。

爱马仕：最精湛的工艺

爱马仕 (Hermes) 早年以制造高级马具闻名于法国巴黎，及后推出的箱包、服装、丝巾、香水、珐琅饰品及家居用品，令品牌更全面多样化。让所有的产品至精至美、无可挑剔，是爱马仕的一贯宗旨。

起初，爱马仕只是巴黎城中的一家专门为马车制作各种配套的精致装饰的马具店——从爱马仕的标识便可以看出这段历史。在 1885 年举行的巴黎展览会上，爱马仕获得了此类产品的一等奖。此后，爱马仕家族开创了专卖店，生产、销售马鞍等物品，并开始零售业务。

随着汽车等交通工具的出现和发展，爱马仕开始转产，将其精湛的皮具制作工艺运用于其他产品的生产之中，如旅行包、手提包、手表带，以及一些体育运动如高尔夫球、马球、

打猎等所需的辅助用具，他们同时也设计制作高档的运动服装。从那时起，爱马仕品牌所有的产品就都选用最上乘的原料制作，并注重工艺装饰、细节精巧，他们以其优良的品质赢得了良好的信誉。

在爱马仕的历史上，有一件举足轻重的事情，就是其在1920 年为威尔士王子设计的拉链式高尔夫夹克衫，成为 20 世纪最早的皮革服装成功设计。这让爱马仕品牌在服装业正式站稳了脚跟。爱马仕的第四代继承人让·盖朗和罗伯特·迪马，在其皮革制品的基础之上，又开发了香水、头贴等新产品。

到 60 年代，不断发展壮大的爱马仕公司已经有了除皮具外的各类时装及香水等产品。不过直到 1970 年，爱马仕还只是一个纯手工业的家庭工厂，但 15 年后，爱马仕品牌已发展成为制作高级精品的超级跨国公司，营业额扩大了 5 倍，如今，爱马仕公司的规模还在不断扩大。

爱马仕的男装是其品牌下最为成功的一个产品线，"这个世界里不存在固定的穿衣模式，只有自然流露的开明个性方显出爱马仕所缔造的男儿本色。"爱马仕男装设计师 Veronique Nichanian 如是说。他们要求严谨，欣赏优质的皮革、上乘的质料剪裁完美的西裤。舒适及原创精神、不符合潮流、不刻意表达自己已成了爱马仕男装的显著特色。

历经了 160 多年的风雨沧桑，爱马仕家族经过几代人的共同努力使其品牌声名远扬。爱马仕已成为法国式奢华消费品的

典型代表，20世纪20年代，创立者蒂埃利·爱马仕之孙埃米尔曾这样评价爱马仕品牌："皮革制品造就运动和优雅之极的传统。"目前爱马仕拥有14个系列产品，包括皮具、箱包、丝巾、男女服装系列、香水、手表等，大多数产品都是手工精心制作的，无怪乎有人称爱马仕的产品为思想深邃、品位高尚、内涵丰富、工艺精湛的艺术品。这些爱马仕精品，通过其散布于世界20多个国家和地区的200多家专卖店，融进快节奏的现代生活中，让世人重返传统优雅的怀抱。

资生堂：东西合璧

日本化妆品品牌资生堂（Shiseido），自从 1972 年创办以来，经过一个多世纪的努力，已跻身于世界最知名品牌的行列。资生堂的品牌理念就是，将东方的美学意识与西方的技术及商业实践相结合。

资生堂创办于 1872 年，其取名源自于中国《易经》中的"至哉坤元，万物资生"，涵义为："孕育新生命、创造新价值。"资生堂创始人福原有信一直力图汲取西方医学中的精华，以生产具有东方特色的医疗用品。

资生堂以药房起家，最初并非化妆品公司。1872 年，曾留学海外攻读药剂，并曾为日本海军药剂部主管的福原有信，在东京开设了自己的"资生堂"药房，这也是全日本第一间西式药房。早期他的产品大多为药品和卫生洗涤用品，如香皂

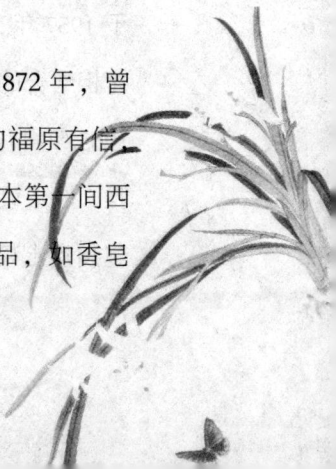

等。除了卖药，福原有信也自己制药，及至 1888 年，他成功研制了全日本的第一瓶牙膏，并迅速取代了当时流行的洁牙粉，也令资生堂成为日本本土为人熟悉的名字。牙膏这概念是源自西方，而牙膏包装上却印上了日文，这也预示着一个结合东西方文化的故事即将诞生。

资生堂在其第二代传人福原信三的努力下，真正地成为了一个化妆品牌。福原信三曾在美国学习药剂，并是一个极为出色的业余摄影家。在他正式进入资生堂及其之后的 20 年，资生堂从产品到形象都产生了根本的变化。福原信三强调高品质的商品同样需要美丽的外表包装，率先在公司成立广告宣传部，培养年轻的广告设计师。40—60 年代，日本最有名的广告设计人员中，有不少都是资生堂出身。由他们自己设计的海报极具特色：他们设计出的模特不以当时的"美人"标准为依据，而更像理想中的梦幻女郎，这种既有东方格调，又有西方尊贵气质的形象正是资生堂所希望营造的。

1948 年，福原信三逝世，由他的侄子福原义春接手了资生堂，第三代的家族继承人上场，又开拓了资生堂新的市场。于 1957 年，资生堂开始开发国外市场，其采用的是东西方文化相结合的营销手段。如资生堂进军海外市场的头号产品——1965 年推出的 Zen 香水，是一款全日本香型的香水，香气淡雅，瓶形设计与外包装均是经过一再推敲才定夺下来，瓶上和包装盒上精致细腻的金色花叶非常经典，其灵感来自于 16 世

纪的京都神庙。1978 年推出的 Moisture Mist 化妆品系列，包装构思乃取材自日本红漆器。而其间，资生堂另外推出的各色化妆品、香粉及护肤系列，却彻底地国际化了，选用了充满西方味道的包装。这些产品都获得了极大的成功，资生堂正式成为全球知名的化妆品品牌。

之后的资生堂仍不忘通过西方文化与东西方文化的融合来增强自己的实力，自 1992 年起，资生堂依次将 lssey Miyake（三宅一生）香水、Jean-Paul Gaultier（让·保罗·戈尔捷）香水、Zotos 的护发用品、Carita 美容护肤用品等都纳入自己的旗下，壮大自身品牌队伍，增强品牌实力。

到了近年，对资生堂品牌形象影响最深远的，则必定是舍尔简·牛敦斯（Sorge Lutens）了。这位出生于法国的形象设计师，自 1980 年开始，成为了资生堂的形象设计师，并深深影响了此品牌的化妆品系列。他创制的女性形象，都似真还假、既虚无又实在，结合了东方及西方的美，这也正是资生堂所塑造的女性形象。近年来资生堂宣传页上描绘的女性总是特别白，所摆姿势也超现实。舍尔简·牛敦斯认为，真的会化这种妆的女人是不存在的。他所想表现的是一种潜在的可能性，同时也是精神上的艺术启发。

资生堂品牌的成功，其创办的美容杂志《花椿》也是功不可没。在杂志创刊的同时，成立了花椿俱乐部，该俱乐部会员人数最多时达 1 000 万，几乎每 6 名日本妇女中就有一名。资

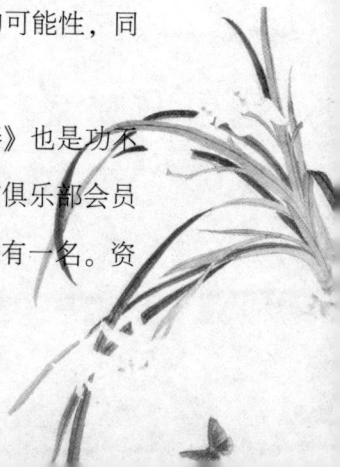

生堂已成为日本办公室小姐或其他白领女性不可或缺的化妆品——她们坚信资生堂是最能帮助她们树立美好形象的品牌。

御木本：珍珠之王

始创于 1893 年，拥有过百年悠久历史的御木本（Mikimo-to），一直享有力臻完美和超凡工艺的美誉。御木本珠宝在全球闻名遐迩，从来都是"极品珍珠"的代名词。

御木本即御木本幸吉，他是第一个人工养珠成功的日本人。1858 年，御木本幸吉生于日本三重县，1880 年，他开始学习和采用中国古老的养珠法。1888 年，他在志摩半岛的一个小海口开设了第一个珍珠养殖场，开始了人工养殖珍珠的探索。御木本幸吉和他的妻子将所有积蓄都用在了珍珠养殖的研究上，他们劳心劳力地尝试多年，早晚不倦地工作，凭着坚强的意志与不懈的努力，1908 年，终于养殖出了正圆的极品珍珠。

但是当圆形养珠刚面世时，人们认为不是真正的珍珠，只

是一种模仿品。1921 年，在巴黎及伦敦都有相关诉讼，意图防止御木本再出售他的养珠。御木本花了颇多时间到各地传播关于养珠的知识和资料，纠正人们对养珠的歧视与误解。可以说，养珠业有今日的地位，御木本幸吉功不可没。

20 世纪初叶，日本在首饰制造方面还很不发达，市面上几乎看不到精致的日本造首饰。为发展自己的首饰业，御木本幸吉不惜花重金派遣人员到欧洲，学习首饰的设计技巧和制作方法。1907 年，他在东京银座区开设了全日本第一家"首饰工作坊"，正式进军珠宝首饰行业。从此以后御木本的珍珠事业有了一套完整的动作系统：原料供应、设计、生产、销售，各有所司，相互配合。御木本不仅为他个人事业创立了规范，更为现代日本首饰业奠定了坚实的基础。

早于 1899 年，御木本幸吉选定东京银座，开设了御木本珍珠店，这是当时世界上唯一的一家专门销售珍珠的珠宝饰品店。到 1911 年的时候，御木本在海外的第一家分店已经在伦敦开张，随后世界多个大城市都有了御木本店铺的身影，及至 1929 年登陆时装之都巴黎。1972 年，御木本的业务逐步扩展到包括珍珠、钻石、有色宝石和其他各类宝石等领域，御木本珠宝已逐渐发展成为全球顶级的珠宝商之一。时至今日，御木本在全球已拥有超过百间销售店，近年更分别在北京、上海、威尼斯度假村开设新的旗舰店，不断扩充版图，致力宏扬其品牌作为"珍珠之父"的美誉。

由于成就突出，御木本幸吉于 1920 年，获得了日本天皇御赠其的一支手杖。1924 年，御木本首饰被日本皇室指定为御用珠宝供应商。此后，日本皇室举办婚礼，御木本首饰是必备的礼品。在日本，御木本首饰被认定为是"母亲留给女儿最珍贵的嫁妆"，连远在欧洲的英国皇室，其后冠及饰品上的珍珠也是由御木本提供。多年来，御木本创造的人工培育珍珠方法历代传承，其首饰始终保持着对经典品质的追求，典雅完美，工艺精良，各国许多社会名流因此成为御木本珠宝首饰忠实的拥戴者。

施华洛世奇：璀璨精致的品牌文化

　　天鹅水晶标志是施华洛世奇（Swarovski）的传统记号，也是施华洛世奇水晶精致优雅精神的象征。施华洛世奇公司产品的最为动人之处，不仅仅在于它的制品是多么巧妙地被打磨成数十个切面，以致其对光线有极好的折射能力，整个水晶制品看起来格外耀眼夺目，更在于施华洛世奇公司一直通过其产品向人们灌输着一种精致的品牌文化。

　　18 世纪，奥地利的波希米亚是切割水晶的主要生产中心，每家农户都会用手工切割水晶。丹尼尔·施华洛世奇（Daniel Swarovski）是当地一个玉石工匠的儿子，他感觉手工切割水晶的速度并不能迎合市场需要，于是便自己研究机械切割水晶。1891 年，他成功发明了首部切割水晶机，令水晶切割变得更有效和更精确。1895 年，丹尼尔·施华洛世奇离开波希米亚，

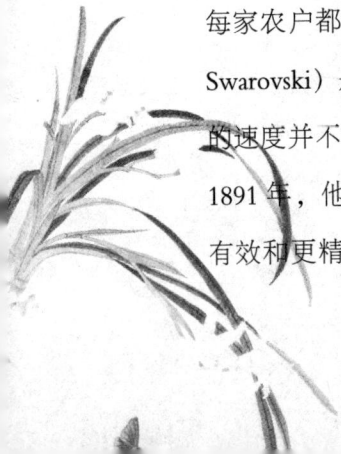

移居至奥地利瓦腾斯市的一个小村落内，并正式成立自己的公司，当时他年仅 33 岁。开业不久，其出品的首饰便以优良的品质迅速享誉欧洲，被认定为优质、璀璨夺目和高度精确的化身，奠定了施华洛世奇成功的基础。

发展至今，施华洛世奇拥有的精湛切割技术已有百余年历史，其生产的水晶清脆利落，切割面平滑而无丝毫细纹，举世闻名。而新近研发出的"栗子切割"、"皇妃切割"等崭新的切割方式，令水晶的折射显得更加璀璨亮丽，这也成了施华洛世奇水晶的最大卖点。同时，这些切割方式皆有申请专利，所以市面上很难找到能与施华洛世奇水晶相媲美的产品，这也是施华洛世奇水晶风靡全球的原因之一。

施华洛世奇不仅成了完美水晶制品的代名词，也是一种时尚文化的代表。最为一般消费者所知的施华洛世奇产品，当然是其"起家"的水晶、1966 年始创的 Swarogem（应用了水晶切割技术的天然宝石和人造宝石），以及水晶摆设系列。但不论产品如何多元化，施华洛世奇始终保留了家族经营的特色，至今仍未有改变。

施华洛世奇公司还在 1975 年研制发明了钻石熨贴技术，可将首饰石、珍珠、甚至金属简单地熨贴于时装和配饰之上，这一技术大大提升了施华洛世奇品牌在时装界的地位和重要性。此后，诸多著名时装设计师都开始将施华洛世奇水晶融汇在自身的作品当中。除了时装界，施华洛世奇的水晶还大受化

妆品界欢迎。伊莉莎白·雅顿的"白钻"香水瓶、兰蔻的 Tre-sor 香水瓶等都采用了施华洛世奇的水晶。有人曾这样说："水晶为生命添上乐趣，把时装和美颜带进一个璀璨迷人的世界；水晶唤起人们的情感，启发和滋养艺术与文化。"

　　到了 20 世纪 80 年代，在备受首饰设计师推崇的同时，施华洛世奇决定在打磨水晶和首饰宝石之外，同时开始发展自己设计首饰的事业。施华洛世奇自主设计的首饰重点在于精工雕琢，卖点则是为现代女性增添独特品味。1989 年施华洛世奇推出的"丹尼尔·施华洛世奇"系列，除了美轮美奂的水晶摆设，还包罗了一系列配饰，如点缀着水晶的手袋、腰带和手套等，进一步提升了施华洛世奇品牌的声望。

　　施华洛世奇水晶不只被人们穿在身上，1948 年，施华洛世奇成立光学仪器部，推出包括单筒望远镜、瞄准器等精确光学仪器，迅速成为国际市场的主要供货商，深得军队和喜爱户外运动的人士欢迎；1965 年，施华洛世奇推出闪烁亮丽的水晶吊灯垂饰，因其优异的材质、璀璨的光芒，被用以制作纽约大都会歌剧院、巴黎凡尔赛宫和莫斯科克里姆林宫的水晶吊灯。

　　施华洛世奇水晶半成品和专柜品有不同的标志，专柜品是白天鹅标志，半成品是梯形标志和灯箱标志。买过施华洛世奇产品的人都成了它忠实的顾客，这其中很大一部分原因是，施华洛世奇拥有世界上最大的俱乐部——由 20 万名收藏者组成

的施华洛世奇俱乐部。加入俱乐部的成员每年都可以从公司买到一种只售给会员的特制品。为配合环保潮流，施华洛世奇近年逐一推出了羚羊、大象、狮子造型的水晶制品。目前这些特制品正在迅速升值，印证了施华洛世奇家族集艺术性与商业性于一体的经商原则。也许是源自奥地利人浪漫、亲切的民族特性，所有俱乐部成员在入会时都会收到一封由公司总裁，用入会者本国语言亲笔写的书信，这种尊重与情调实在使产品的物质价值相比之下变得不那么重要，这也是为什么欧美诸多名流对其情有独钟的原因。

蒂凡尼：完美的浪漫

　　蒂凡尼（Tiffany），美国珠宝设计的象征，以完美、浪漫和梦想为主题而风靡了近两个世纪。蒂凡尼由一家文具日用品店起家，后转为经营珠宝首饰，简陋的小商店几经变迁，最后成了美国首屈一指的高档珠宝商店——蒂凡尼珠宝首饰公司，其实力堪与欧洲的珠宝世家一争高下，名声超过了巴黎的传统名店卡地亚。蒂凡尼的创作精髓和理念皆焕发出浓郁的美国特色，简约鲜明的线条，冷静明晰的韵味，在每一件蒂凡尼设计中自然地融合呈现，满足了世界上所有女性对于珠宝的幻想。

　　1837 年，在美国，一位磨坊主的儿子查尔斯·刘易斯·蒂凡尼（Charles Lewis Tiffany），来到纽约百老汇，开设了一家不起眼的小铺子，经营文具和织品，"蒂凡尼"商店由此创建。这家店的所有商品都明码标价，不允许顾客讨价还价，这

在当时算是很新颖的经销方式。1851年，蒂凡尼推出设计精美的银器，引起广泛关注。而且它率先使用925银，——指含银92.5%的银，100%的银较软，制作时不能成型，不便做成银饰，而且比较容易氧化变色。925银在后来成为了美国银制品的标准，并逐渐发展成为在国际上公认的纯银标准。由银器开始，蒂凡尼正式踏上了其珠宝经营设计的道路。

1853年，蒂凡尼店的三位主人：蒂凡尼本人、杨约翰和后来入伙的艾利斯都已拥有万贯家财。杨与艾利斯有意退休，蒂凡尼却是斗志高昂，仍想纵横商场。他将两位合伙人的股份买下，开始独资经营，并将店名正式定为"蒂凡尼"(Tiffany&Co.)。他也顺应纽约市繁荣发展的方向，将店面北移至百老汇街550号。新店门口的正上方，安装了一座近九尺高的雕像——希腊神话中，以双肩顶天的巨人"阿特拉斯"(Atlas)。只不过，他高高地站在蒂凡尼门口，换了一座巨钟扛在肩上。1878年的巴黎世界博览会，令查尔斯·刘易斯·蒂凡尼成为了全球瞩目的珠宝设计大师——他在此次展会上出人意料地获得包括银器设计大奖和珠宝设计金奖在内的8个奖项，他也是在此类国际竞赛中获得殊荣的第一个美国人。1886年，著名的蒂凡尼"六爪镶嵌法"面世，立刻成为订婚钻戒钻石镶嵌的国际标准。这种六爪镶嵌法将钻石镶在戒环之上，尽量将钻石承托起来，让光线全方位折射，使钻石尽显璀璨光华。

19世纪末时，蒂凡尼的实力已经与传统欧洲珠宝商不相

上下，它的顾客中包含有欧洲王室与富豪，而创始人查尔斯·蒂凡尼则被美国媒体誉为"钻石之王"。20 世纪初期，蒂凡尼已经吸引了 23 个当时的皇族家庭光顾。包括英国维多利亚女王、俄国沙皇、波斯国王、埃及总统、巴西国王，以及意大利、丹麦、比利时及希腊的帝王。多年来，为世界所有的国家元首设计不同的珠宝饰品也成为蒂凡尼最引以为荣的经历。

二战期间，蒂凡尼又将总店搬到了名店云集的纽约第五大道，扛举着钟表的阿特拉斯和蒂凡尼总店一起，共同成为了第五大道半个世纪以来最具代表性的建筑之一。二战结束后，蒂凡尼品牌迎来了又一个发展黄金期。1961 年，根据楚门·卡波特小说改编，由奥黛丽·赫本主演的《蒂凡尼的早餐》风靡全球，成为美国电影中的经典之作，而蒂凡尼在片中的出现，令这家珠宝名店的高贵气派迅速传遍全球。

20 世纪 80 年代，蒂凡尼随着美国的经济潮流卷入了一场兼并风波，被并入了另一家公司——雅芳 (AVON) 旗下。雅芳虽是超级大企业，却是以售货员沿门推销廉价化妆品起家，它给社会大众的印象和蒂凡尼奢华、高贵的完美形象有着天壤之别。在"门不当户不对"的阴影下，合并维持不到五年，蒂凡尼的生意便一落千丈，连百年老店的信誉都快难以维持了。1984 年底，蒂凡尼脱离雅芳独立自营公司，而后又发行股票上市。崭新的蒂凡尼公司设下了新的经营目标和管理方式，放眼天下、看重国际市场，在欧亚多处都开设了分店。同时扩充

旗下产品种类，包括开发研制的香水、围巾、皮包、小型皮件等等。蒂凡尼除了标榜最细致的做工、最精美的设计之外，还不论顾客买的东西大小、价格高低，产品都一律用蒂凡尼传统的"蓝盒子"精心包装，再系上雪白的缎带，高雅大方。

在漫长的岁月里，蒂凡尼这个珠宝世家成为地位与财富的象征。如今蒂凡尼不仅是世界首屈一指的珠宝商，它在纯银器皿、瓷器、水晶和手表等方面的工艺和设计也享誉国际。世界各国博物馆和收藏家，均把蒂凡尼的大师级作品视为珍藏。

Zippo：打火机中的艺术品

乔治·布雷斯代（George ·Blaisdell），Zippo 打火机创始人，人称"Mr ·Zippo"。他创造了代表雄性美感、光和热力的 Zippo 打火机。世界上从来没有第二个牌子的打火机像 Zippo 那样拥有众多的故事和传奇，对于很多男士来说，Zippo 不仅仅是他们喜爱的物品和乐此不疲的话题，同时也是他们迈向成熟男人的标志。

Zippo 问世至今已经 70 余年。乔治·布雷斯代最初是一家奥地利打火机厂的美国销售代理。当时的打火机使用起来很麻烦，布雷斯代便萌发了设计一个好用又好看的打火机的念头。他将打火机外型改为方块盒状，这样握在手中便十分方便，同时利用合叶将打火机盖与机身相连，又在棉芯周围设计了一个风网。这一改良顿时引起人们的兴趣。因受到当时另一项伟大

的发明拉链（Zippr）的启发，布雷斯代决定把他的新打火机命名为：Zippo。1932 年，第一只 Zippo 打火机正式诞生。

"必能打着，否则免费修理"，是 Zippo 一直奉行的原则，数十年来，Zippo 以其卓越的设计与质量风靡全球，缔造了一个又一个传奇故事。40 年代初期，Zippo 成为美国军队的军需品。二战中，美国政府停止了很多消费品的生产，唯独没有停产 Zippo——当时的 Zippo 几乎全部供应美军。在战斗中，Zippo 可以用来点燃烟雾弹，在沼泽或丛林里点燃篝火、烤热钢盔煮汤，也可以在野外求生时点火发信号；有些 Zippo 甚至挡住了致命的子弹而拯救了生命；还有一名飞行员曾用 Zippo 照亮失事飞机的黑暗仪表盘，从而将飞机安全带回……战争结束后，Zippo 作为日常用品，开始备受越来越多的购买者的青睐。

1969 年，市场上的 Zippo 打火机数量已超过 1 亿只。1996 年 4 月 15 日，第 3 亿只 Zippo 打火机出厂。呈现几何级增长的销售数字，是 Zippo 辉煌历史的见证。如今的 Zippo 不再只是单纯的打火机，它已成为与哈雷摩托、可口可乐一样的美国文化的标志之一。

Zippo 除了实用性和防风的妙用之外，在设计上也是精美之极。不夸张地说，每一款 Zippo 打火机都是一件艺术品。至今为止 Zippo 的设计和外形并没有发生太大的变化，但自 20 世纪 30 年代以来，Zippo 已经推出了数百种富有收藏价值的

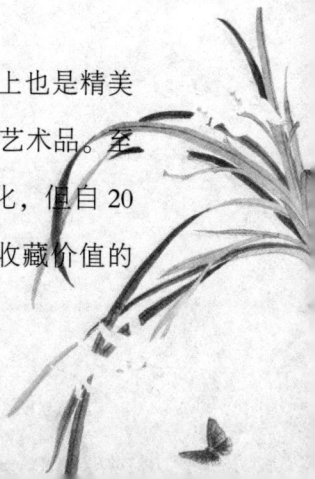

样式，款式从徽章系列、名车系列、纯铜系列再到珍藏系列等等难以计数，而几乎每款火机都会因其发行量的不同而出现所谓的"限量版"。Zippo 的许多打火机还都有富有纪念意义的主题设计，如 1998 年法国世界杯的举办，使 Zippo 发掘出更多的创意灵感，世界杯的标志、吉祥物的造型和入围的 36 支球队的国旗等都出现在 Zippo 的"面孔"上。

在全球的另类收藏中，恐怕没有任何一款藏品能够像 Zippo 打火机这样，在短短几十年内迅速风靡全球，甚至有了专门为其设立"国际 Zippo 日"。随着 Zippo 打火机收藏的升温，一些限量的型号往往刚刚面世就被抢购一空。1995 年的首届国际 Zippo 旧货交换会上，一套由 Zippo 底座做成的国际象棋拍出了 1.32 万美元的高价，那些打上限量版印记的打火机更是受到众多的 Zippo 收藏迷们的追捧。如今，1999 年的千禧版纪念打火机的收藏价增长率已接近惊人的 800%。拥有 Zippo 已经成为一种生活态度的象征，而且同之前相比，越来越多的年轻人开始倾向于收藏 Zippo，除了追求时尚外，很多的爱好者注重的是 Zippo 品牌背后的文化。

宜家：生活，从家开始

宜家（IKEA），瑞典家具卖场。宜家出售的产品全部由宜家公司独立设计，产品与众不同，强调"简约、自然、清新、设计精良"的独特风格，并以"提供种类繁多、美观实用、大众买得起的家居用品"为自身的品牌经营理念。

宜家的创始人英格瓦·坎普拉德 1926 年出生于瑞典南部的斯马兰。英格瓦年少时就立志开办自己的公司。起初，他骑着自行车向邻居销售火柴。他发现从斯德哥尔摩批量购买火柴可以拿到很便宜的价格，然后再以很低的价格进行零售，从中仍能赚到不小的利润。后来，他的生意范围不断扩大，又开始卖鱼、圣诞树装饰物、种子、圆珠笔和铅笔等。1943 年，17 岁的时候英格瓦成立了宜家（IKEA）公司。IKEA 这个名字是从他个人名字（Ingvar Kamprad）、他生长的农庄（Elmtaryd）和村

落（Agunnaryd）的开头字母组合而来的。当初宜家贩卖的是铅笔、皮夹、相框、桌布、手表、珠宝饰品、尼龙丝袜，或者任何英格瓦认为有市场需求、而他也能够提供低廉价格的商品。

第一部家具是在 1947 年加入宜家的商品行列中的。家具由当地的生产商生产，并得到人们热烈的欢迎，英格瓦也由此看到了成为大规模家具供应商的机会。不久，他便决定集中力量以低价格的家具为自身产品的主打力量，人们今天熟知的宜家也从此诞生了。

1955 年，宜家开始设计自己的家具。宜家开始自主设计有几方面的原因，但其中的主要原因却很有讽刺意味：来自竞争对手的压力使得供应商停止向宜家供货，宜家不得不开始自己设计家具。不过宜家自己设计的家具很有创意，功能也得到了很大改善，更重要的是价格较低。后来更有一位员工突发灵感，决定把一张桌子的桌腿卸掉，这样可以把它装到汽车内，而且还可避免运输过程中的损坏。从那时起，宜家便开始在设计时考虑平板包装的问题，设计能够平板包装、顾客自己能够组装的产品大大降低了宜家家具的成本——平板包装的家具需要存储的空间更小，一辆运输车上能装载的货品更多，同时人工成本降低，并且避免了运输过程中的损坏现象。对顾客来说，这意味着产品价格更低，而且能够更方便地将货品运送回家。这样，在宜家便开始形成了一种工作模式，即把问题转化为机遇。

在宜家经营初期，英格瓦只是在自己家里以及通过邮购来贩售商品，后来才在邻镇阿姆浩特开了一家店面。而6700平方米的建筑规模，使其成为当时北欧最大的家具展示场所。同时阿姆浩特不仅是第一间宜家仓库设立的地方，也成为了日后其他地方宜家店面的模型。1963年，第一家瑞典以外的宜家门市在挪威奥斯陆附近的阿斯克自治市开幕。在60多年的时间里，宜家发展稳健而迅速，截至2008年12月为止，它在全世界的36个国家和地区中拥有292家大型门市（其中258家为宜家集团独自拥有，34家为特许加盟）。

从创建初期，宜家就决定与消费者中的"大多数人"站在一起。针对这种市场定位，宜家将自身产品定位于"低价格、精美、耐用"的家居用品，把自己定位成面向大众的家居用品提供商。因为其物美价廉，款式新，服务好等特点，受到全球广大中低收入家庭的欢迎。同时，作为驰名全球的家具营销商，令人难以置信的是，宜家极少投资于广告，事实上，宜家品牌经营的真正核心是让顾客成为品牌传播者，而非硬性的广告。正如英国一家媒体给予宜家的评语："它不仅仅是一个店，它是一个宗教；它不是在卖家具，它在为你搭起一个梦想。"——宜家的一个重要策略就是销售"梦想"而不是产品，为了做到这一点，宜家不仅提供用途广泛、设计精美、实用低价的产品，而且也把产品跟公益事业联系在一起。大约10年前，宜家集团开始有计划地参与环保事宜，甚至表示不会无视

童工、种族歧视等社会现象，以及使用来自原始天然森林的非

法木材的问题。

任天堂：简单而广泛的快乐

日本知名企业任天堂（Nintendo）公司，是世界领先的互动娱乐公司。任天堂的业务现今范围已经涉及游戏机、游戏软件、玩具、网络、通信等多个领域。从创立至今，任天堂始终坚持用"简单的娱乐方式，给广泛的民众带来快乐"的经营理念，研制了游戏史上许多的著名人物、知名软件以及一系列跨时代意义的游戏主机，发展成为了全球范围内最具影响力的游戏平台生产商，便携式游戏机平台的领导者。

任天堂（Nintendo）的意义是"谋事在人成事在天"，而任天堂最初的名称为任天堂纸牌（Nintendo Koppai），它于1889 年后期由山内房治郎成立，专门出产和销售一种名为花札（Hanafuda）的纸牌游戏。这个纸牌是手工制造，不久便开始流行。在 1959 年的东京奥运会期间，任天堂抓住时机大力

推销它们的纸牌产品，并幸运地得到了迪士尼公司的注意，和迪士尼建立了合作关系，以生产迪士尼卡通形象的扑克牌展开了其全球性销售。这个合作的成功，使任天堂纸牌在一年内的销量达到了 60 万张。

1963 年，任天堂纸牌公司改名为任天堂公司，并开始涉及其他业务领域。在 1963 年至 1968 年期间，任天堂成立了酒店，开始生产玩具，研发游戏和其他生活电气用品（如吸尘器）。

20 世纪 70 年代的日本面临石油危机，经济持续不景气，游戏玩家也对老式节目日渐厌倦，游戏机的销售量下跌到历史最低点。但时任任天堂负责人山内溥独具慧眼，从市场的暂时衰退中，看到了廉价的家庭游戏机的发展前景。当时的其他游戏厂商为了招徕顾客，宣布自己的游戏机不仅能够玩游戏，还具有学习的功能，可以帮助孩子学习、计算和打字。山内溥却反其道而行之，公开声称：任天堂 FC 游戏机的唯一功能就是玩游戏。而去掉多种功能，正是任天堂 FC 游戏机能够以价廉取胜的秘密武器。80 年代初期，任天堂将家庭游戏机 FC 投放市场后，取得了巨大的成功。这个小小的公司，员工不足千人，却硬生生地将诸如松下、日立、东芝、索尼等驰名大企业甩在身后——1993 年任天堂人均创利 80 万美元，1994 年公司税前利润排名全日本第二，仅次于汽车行业霸主丰田。

在游戏机领域取得了巨大的成功后，任天堂又在其游戏机

上推出了名为"马里奥"（Mario）和"超级马里奥兄弟"电子游戏，且将其推进了美国市场。这一举动，造就了有史以来全球最受欢迎的游戏和游戏人物。从1985年到1991年间，马里奥系列游戏一共推出了8代，销售数量高达7 000万套。头戴帽子、身穿背带工作服，长着一个大鼻子、留着两撇小胡子的马里奥离英雄形象相差甚远，再加上少许肥胖的身材，稍不留神可能就会把英雄马里奥当成路边的中年大叔。但是形象上所带来的个性和亲切感，却在玩家的心中根深蒂固。马里奥成为了站在游戏界顶峰的超人气多面角色，使得美国儿童花在任天堂游戏机上的时间比看电视还要多。畅销游戏带来了任天堂的销售热浪，如今任天堂公司已经与众多合作厂商成为休戚与共的战略伙伴。任天堂把这种策略性联盟的范围积极扩展到其他领域。以"超级马里奥"为主人公的电影风靡全美，为电影公司创得大量利润。大量杂志、书籍、音像制品，乃至笔记本、T恤衫、拼图玩具、洋娃娃、壁纸等都打上了任天堂游戏主人公的旗号。许多电视节目、录像带节目纷纷以任天堂游戏为内容或背景。在美国的儿童电视节目中，根据任天堂的游戏规则或以它的主角为背景的动画片数量远远超过其他任何一个儿童电视节目。有些深受欢迎的儿童节目，如《辛普森家族》、《唐老鸭》、《忍者神龟》，到最后不是在情节中充斥着任天堂的比赛，就是该节目干脆被任天堂游戏所取代。美国国家广播公司的周六清晨节目《超级马里奥的世界》由于收视率一直居

高不下，一连播出了好几年。任天堂因此赚了大量专利费，而更重要的是任天堂因此知名度更高。在一项专门针对马里奥所做的调查中显示，99%受访的美国人听过超级马里奥的名号，83%的受访者喜欢他。在一份探讨各界知名人士对美国儿童影响力的报告中显示，孩子们平时最熟悉、最崇拜的人物已不是从前独占鳌头的太空飞鼠，而是任天堂的马里奥。任天堂乘胜追击，马里奥其后跟进的 100 多种任天堂游戏，也是把美国游戏界搅得天翻地覆，一些人连连惊呼：任天堂带来了日本的"文化侵略"。

任天堂随后又将眼光投向了个人游戏机。在推出掌上型 GB 电脑游戏机——"游戏男孩"（Game Boy）时，看好了前苏联青年帕契诺夫所设计的电脑拼图游戏"俄罗斯方块"。雷厉风行的山内溥选派了最强的谈判代表前往莫斯科，向帕契诺夫所在的研究院购买到了这款游戏的专利权。俄罗斯方块陪伴着任天堂"游戏小子"再次出征。不负众望的"游戏小子"一问世就轰动全球：美国前总统布什曾手持"游戏小子"出席军情会议，前苏联宇航员曾带着"游戏小子"遨游太空。"游戏小子"为任天堂创造了新的辉煌。从 80 年代初到 90 年代末，业内的同行一直无法撼动任天堂的霸主地位。平均每 6 户日本家庭、三分之一的美国家庭，就有一台任天堂游戏机，而山内溥本人则被美国新闻界誉为"迪士尼第二"。

90 年代末，任天堂受到了来自业内的最严峻挑战，其主

要竞争对手有软件巨头微软和传统电器名企索尼。这二者虽然是初涉电子游戏领域，但都出手不凡，大有后来居上之势。面对如火如荼的竞争，任天堂大大加快了产品更新换代的步伐，重要举措之一便是推出了第五代家庭游戏主机——Wii。Wii最与众不同的特色是它的标准控制器（Wii Remote）。比如，玩家只要将两只遥控器一样的手柄在空气里拉开，做出射箭的姿势瞄准屏幕上的靶子，按下发射钮便可以瞄准射箭了，而不是从前的砍砍杀杀。这两只手柄还可以在虚拟世界里变成摇滚乐队的鼓槌、交响乐团的指挥棒、网球拍、切菜做饭的烹具……真实与虚幻，只剩下两只手柄的距离。其实，体感操作的概念在之前的游戏中已经出现过，但它们通常需要专用的控制器；而将体感控制器列入游戏机的标准配备，让游戏机上的所有游戏，都能使用动作感应，可说是 Wii 的创举。

史无前例的创举令 Wii 大获成功，而从"Wii"这个名字中，也可以找到任天堂开发这款游戏机的创意之源。就如任天堂对外解读的那般："Wii 和单词'we'的发音相近，这强调了它是为每个人所设计的。"名字中的 i 象征着 Wii 独一无二的遥控手柄，而把两个 i 放在一起，则代表了任天堂把亲朋好友聚拢到游戏机周围的意图。有人就此说，"简单的娱乐方式，给广泛的民众带来快乐"的这一经营理念，被任天堂贯彻得完美至极。

147

Google：技术改变生活

　　Google（谷歌）公司于 1998 年 9 月 7 日创立，主要业务是设计并管理与其同名的互联网搜索引擎。所谓搜索引擎，是指在互联网上用来搜索信息的、简单快捷的工具。Google 搜索引擎自诞生之日起便屡获殊荣，时至今日已被公认为全球最大的搜索引擎。它提供了简单易用的免费服务，引发了网络科技的历史性变革。Google 这一品牌也成为了网络新文化的重要标志。

　　Google 搜索引擎是由两名斯坦福大学的博士生，拉里·佩奇（28 岁）和谢尔盖·布林（27 岁）在 1996 年开始研制的，他们于 1998 年在位于加州门罗帕克的朋友的车库里正式建立了谷歌公司。Google 取得的成功源于其创建者的想象力，同样也源于他们的出色天赋。在佩奇和布林创建 Google 之初，

业界对互联网搜索功能的理解是：某个关键词在一个文档中出现的频率越高，该文档在搜索结果中的排列位置就要越显著。而佩奇和布林则另有高见，他们认为决定搜索结果排列位置的因素，是一个文档在其他网页中出现的频率和这些网页的可信度，即网页的知名度和质量是决定性因素。事实证明，这一判断是正确的，Google 搜索引擎研发后一经投入使用，点击率便屡创新高。

Google 不是第一家做搜索引擎的公司，之前的搜索引擎公司，包括 AltaVista、Lycos、Excite、Infoseek、Inktomi 在内，大都借互联网泡沫的东风，成功上市、融资、迅速膨胀，之后再兼并或被兼并，很多公司后来都转型做起了门户网站。这些曾经风光一时的网络公司，今天大部分仍在亏损中挣扎。尽管曾经有过很多名声显赫的搜索引擎，但在 Google 之前，没有一家公司把搜索引擎做得如此有用——Google 先进的搜索技术可以最快捷、迅速地找到最准确的结果；如此体贴——Google 的界面清晰，只提供搜索功能，没有无用的累赘，除了信息搜索外，Google 还有独到的图片搜索和强大的新闻组搜索功能。

在接受采访时，Google 负责人曾表示，Google 从其他同行那里吸取了两个教训：第一个就是不要过早上市，第二个就是要集中精力于搜索业务。"一些网络搜索公司总是试图在同一时间做很多事情，他们几乎把自己的本行都忘记了。不过，

正是他们的'不务正业'，Google 才会有今天的成绩。"

今天，全世界访问量最大的 4 个网站中，3 家采用了 Google 的搜索技术，80%的互联网搜索是通过 Google 或使用 Google 的技术完成的。目前 Google 每个月接待来自世界各地的超过 2 800 万独立访问者，全球网民通过 Google 可以使用 100 多种语言，搜索 30 多亿个网页、网页快照，以及 4 亿多张图片，每个月 Google 被用户使用的时间大概为 2 000 万小时左右。

面对一个如此强大的 Google，有人认为，应视 Google 为公共事业，因为它实际上控制了互联网访问的自然资源。他们认为，Google 正在成为互联网中的"上帝"——Google 可以轻易决定一个网站是否能被别人找到，决定这个网站的访问量，甚至决定着这个网站是否有存在的必要。鉴于搜索引擎的特殊性，之前不乏有商家以广告方式投入搜索引擎公司，以提高自身搜索排名的行为。但 Google 这个"上帝"是一个信仰技术的上帝。Google 通过精确的算法和严格程序制定搜索结果和搜索排名——人很难做到客观，但程序却无法做到不客观。Google 搜索出的每一个结果，都是程序按照规则自动排出的，对 Google 来说，这个结果是"神圣不可侵犯的，这是对自己技术理念的坚持，对技术先进性的自信，也是对用户的尊重"。Google 承诺在他们的广告业务中，决不以任何方式影响搜索结果。对于那些为了金钱而改变搜索排名的行为，

Google 十分不齿。

Google 因互联网而诞生，因互联网而存在，因互联网而荣耀。在大多数低迷的互联网企业中，Google 的专注和执着，使它成为一种信念的化身，成为客观、公正的代表，成为技术改变生活的一个实例。就像有人说的那样："Google 干净得近乎呆板、朴素得近乎老土的页面，让人们成为无所不知的博学的人，明察秋毫的缜密的人，满腹经纶的高雅的人。"

取得业界的领先位置后，Google 也一直坚持不懈地对其搜索功能进行革新，始终保持着自己在搜索领域的"领头羊"地位。此外，Google 还不停地开发新的网络软件、IT 硬件及相关产品。如 Bloger 是全球最大、最多人使用的博客系统；Google 地图提供各种地图服务，甚至包括局部详细的卫星照片；Google 新闻不雇用一名新闻编辑，全部新闻的采集和编发，都是由程序自动完成；YouTube 短时间内迅速蹿红，成为全球排名前十的在线视频观看网站；Google 手机 GPhone 将Google 系列软件完美地融合于手机中，强大的功能引领了智能手机发展的新方向……Google 已经成为互联网行业成功的典范之一。在今后长期发展过程中，它必将一步步走向更灿烂的辉煌。

eBay：最大的 "跳蚤市场"

全球最大的网络交易平台之一，eBay 公司成立于 1995 年，是为个人用户和企业用户提供电子商务服务的国际化的网络交易平台。它利用网络的力量，让数以千万计的买家和卖家聚集在一起。如果从规模、范围和技术复杂程度上来讲，eBay 公司是第一个、也是目前为止最为成功的互联网交易网站。eBay 总部设在美国加利福尼亚州，目前拥有 4 000 名员工，在英国、德国、韩国、澳大利亚和日本等地都设有分公司。

皮埃尔·奥米迪亚（Pierre Omidyar）1998 年大学毕业，是一名软件工程师。而在他大学毕业之前，eBay 公司的雏形就已经形成了。当时，他和女友都爱好收藏，很希望通过互联网与其他收藏者进行交换。为了做到这一点，皮埃尔在 1995 年开发了一个小型在线交易场所——拍卖网（Auction web）。可

以说，这要远远早于很多人对互联网的认识。皮埃尔自己卖出的第一件物品是一个坏掉的影碟机激光头——以 14.83 美元成交。皮埃尔只是无意中将这件物品放在拍卖网上的，交易中他惊讶地询问买家："您难道不知道这玩意坏了吗?"买家回复道："我是个专门收集坏掉的激光头玩家。"

随着网站的名气越来越大，越来越多的收藏者开始在皮埃尔的网站上交换更多的物品。尽管最初上网交易的人都享受免费服务，不过皮埃尔很快发现自己需要收取少许费用（每笔交易 0.25 美元）来维持网站的运作。1996 年，他将这项业余爱好变成了全职工作。1997 年 9 月，公司正式更名为 eBay。

当拍卖网生意蒸蒸日上之际，皮埃尔意识到他需要一位具有品牌建设经验的 CEO。1998 年初，他邀请梅格·惠特曼担任这个职务。从一开始，惠特曼就被 eBay 公司所拥有的成功商业模式所震撼，正如她后来回忆的，"与许多早先的互联网企业不同，eBay 公司确实是一家离开网络就无法生存的企业，我觉得这简直太吸引人了。"1998 年 3 月，惠特曼与皮埃尔正式合作，惠特曼很快给仍处在混乱状态中的 eBay 交易施加一系列清晰的规则。同时还整合了 eBay 的财务和基础框架，使其迅速具备了上市的条件。6 个月之后 eBay 公司成功上市。在上市第一个交易日结束时，eBay 公司的市值已经接近 20 亿美元。到了 2000 年夏天，eBay 公司已经拥有了 1 500 万个注册用户，占了网上拍卖企业注册用户总数的 90%。一年之后，

153

eBay 公司的注册用户总数再次翻了一番——皮埃尔当初小小的爱好，成就了一个强大的、充满活力的网络公司和服务平台。

今天 eBay 已经拥有超过 9 500 万、来自世界各地的注册用户，他们在这里形成了一个多元化的社区，买卖上亿种商品。在 eBay 上被刊登、贩售、卖出的物品，有些是稀有且珍贵的，但大部分的物品都可能只是个满布灰尘、看起来毫不起眼的小玩意。但即使是这些容易被人忽略的物品，如果能在全球性的大市场贩售，那么其身价就有可能水涨船高——曾有过这样的实例，一个价值 5 美元的剃须刀，经过一番竞价，最终会以 450 美元成交。从电器到电脑，从家具到家居日用品，从大众商品到各种独一无二的收藏品，都可以在 eBay 中搜寻找到。只要物品不违反法律或不是在 eBay 的禁止贩售清单之内，就可以在 eBay 刊登贩售。服务及虚拟物品也在 eBay 可贩售物品的范围之内。可以公允的说，eBay 推翻了以往那种规模较小的跳蚤市场，将各类买家与卖家拉在一起，创造一个永不休息的市场。

eBay 交易平台完全自动化，按照商品类别提供拍卖服务，由卖家自己罗列出要贩售的物品，买家对感兴趣的东西自由提出报价。当双方意愿达成一致，完成交易的时候，eBay 公司向每一件成功交易的商品收取小额费用（在 0.25—2 美元之间）。对于卖家来说，eBay 公司是一个费用非常低廉的营销渠

道，它提供了便捷、低成本接触大量买家的途径。事实上，尽管 eBay 公司的公众形象是一家全国范围内的家庭式卖场，但是它现在的主要受益者却不再只是那些处理自己旧东西的个人，还已经成为无数小企业主营销和配送的主要工具。他们通过在 eBay 公司销售东西谋生。小企业主提供了商品，eBay 公司提供了消费者并从中收取小额费用，在这个过程中，eBay 公司扮演着一个中介角色，让无数小企业在起步阶段就能够生存下来。

155

由于网络交易的虚拟性，如何促进诚实交易，成为了作为交易平台的 eBay 的一大重要业务。eBay 公司一直非常重视公共道德。从起步的那一天开始，eBay 就懂得：如果在这个方面没有保障，就完全有可能让公司"关门大吉"。因此，公司管理者采取了一些保证诚信的服务，例如，他们鼓励用户在每一笔买卖完成之后填写回馈信息，对买卖的对方行为和信誉进行评价。在每笔交易完成后，买卖双方皆可以为彼此评价。她们可以给出"正面"、"负面"或是"中立"的评价，并且为该次交易留下一笔意见。那些记录良好的人会得到彩色小星，而那些备受批评的人则将会被从网站上除名。

作为历史上成长最快的企业，现在 eBay 还保持着每年 10 亿美元的收入增长。而在经济效益之外，eBay 更重要的意义在于，它引发了一场商业革命。网络拍卖这个虚拟的大市场克服了传统商店的种种限制：在这里，每个人，不管你是巴黎街

头的流浪汉，又或是纽约曼哈顿的超级富翁，都站在同一个水平线上。网络拍卖彻底震撼了全球每个商人经营的方式。越来越多的人正考虑放弃日常的工作，而专靠在 eBay 或同类网站卖东西为生。与此同时，那些一般意义上的旧式生意，从古玩店到报纸的分类广告部门，都面临着被淘汰出局的危险。

还有一些影响是更为深远的：网络拍卖或许将最终撼动延续数百年的固定价格的概念，从而允许卖方和买方对所交易的商品价格，进行更为广泛的协商。同时，它将进一步消除国与国之间的经济障碍，加速全球化市场的形成。eBay 发动的这场超高效率、驱逐了中间人的商业革命带来的冲击力，前所未有。

星巴克：市场经济的宠儿

　　星巴克（Starbucks）咖啡公司成立于 1971 年，是世界领先的特种咖啡的零售商、烘焙者和星巴克品牌拥有者。旗下零售产品包括 30 多款全球顶级的咖啡豆、手工制作的浓缩咖啡和多款咖啡冷热饮料、各式糕点食品以及丰富多样的咖啡机、咖啡杯等商品。

　　对于爱喝咖啡的人来说，星巴克是一个耳熟能详的名字，这个名称最早来源于 19 世纪美国文坛大师赫尔曼·麦尔维尔的经典著作《白鲸》中一位处事极其冷静，极具性格魅力的大副。他的嗜好就是喝咖啡。1971 年，杰拉德·鲍德温和戈登·波克，在美国西雅图开设了第一家咖啡豆和香料的专卖店——星巴克公司。麦尔维尔在美国和世界文学史上有很高的地位，但他的读者群并不算大，主要是受过良好教育、有较高文化品

位的人士，没有一定文化教养的人是不可能去读《白鲸》这部书的，更不要说了解星巴克这个人物了。从星巴克这一品牌名称上，就可以清晰地明确其目标市场的定位：不是普通的大众，而是一群注重享受休闲、崇尚知识、富有小资情调的城市白领。

1987 年，创立了"每日咖啡"的霍华德·舒尔茨（Howard Schultz）斥资 400 万美元重组星巴克，推动了星巴克向意式咖啡馆的转型，并完全以自己的理念来经营星巴克，明确的市场定位以及积极的营销策略使得星巴克迅速成长为全球知名品牌。

星巴克的商标有两种版本，第一种版本的棕色商标的由来，是一幅 16 世纪的双尾美人鱼木雕图案，她上身赤裸，并有一条充分地可看见的双重鱼尾巴。霍华德·舒尔茨重组星巴克后换了新的商标。第二版的商标沿用了原本的美人鱼图案，但做了些许修改，美人鱼的双尾不再明显，商标颜色也改成了代表每日咖啡的绿色，这样融合了原始星巴克与每日咖啡的特色的商标就诞生了。目前，位于美国西雅图派克市场的第一家星巴克店铺，仍保有原始商标，其内贩售的商品也多带有这个商标。在 2006 年的 9 月，星巴克又重新让棕色的商标"短暂复活"了一个月，而且只限于热饮的纸杯上。星巴克指出，公司是为了庆祝成立 35 周年纪念，用这一举动来象征星巴克来自美国西北部的太平洋沿岸地区。

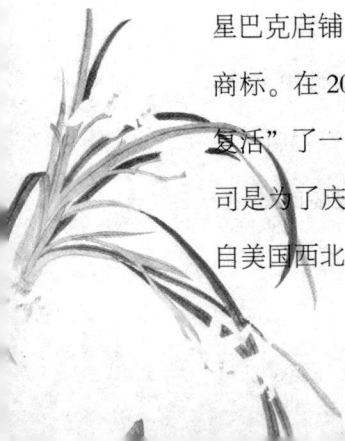

作为以咖啡为主打商品的店面，星巴克提供多样的咖啡种类，他们以一周为期，每周更换不同种类的咖啡豆，让消费者以简单的方式喝到不同种类咖啡豆调和的咖啡——在美国称 Coffee of the week，每周咖啡。但并不是每个地方都是以周为单位，有些店铺也有"每日咖啡"。星巴克还有一系列的热饮，包含咖啡类（如拿铁）和非咖啡类（如热巧克力）。

星巴克自售的咖啡豆主要是在四个地方烘焙的，分别是：华盛顿州的肯特市、宾州的约克市、内华达州的卡森谷以及荷兰的阿姆斯特丹。星巴克咖啡豆在烘焙之后马上以真空包装。这些包装上都装置一个压力阀，为的是让咖啡豆在包装后仍可以继续排出内部的气体。

星巴克公司的定位是将其店面定位成一种生活中的"第三空间"，也就是介于顾客的家和工作场所的地方。他们希望将每一家星巴克都布置得简单舒适。每一家星巴克除了木制的硬椅，也有靠墙的软沙发。有些星巴克店面会提供插头让使用笔记本型电脑或是随身听的顾客充电。星巴克的店面大多可以无线上网，不过要另外付钱。星巴克把典型美式文化逐步分解成可以体验的元素：视觉的温馨，听觉的随心所欲，嗅觉的咖啡香味等。坐在星巴克内的顾客透过巨大的玻璃窗，看着人潮汹涌的街头，轻轻啜饮一口香浓的咖啡，在忙碌的都市生活中，这是非常令人向往的。有人就此指出："星巴克的成功在于，它创立了一种以创造'星巴克体验'为特点的'咖啡宗教'。"

一般来说，星巴克咖啡的价格不会高于其他竞争者。除了独立的星巴克店面外，有些星巴克店也会位于超级市场、书店这样的本地商店里，而星巴克本身并不经营这些超级市场或者书店。

星巴克提升品牌的另一个战略是采用品牌联盟迅速扩大品牌优势，在发展的过程中与强势伙伴结盟，扩充营销网络。barnes&nobile 书店是同星巴克合作最为成功的伙伴之一。

barnes&nobile 曾经发起一项活动，即把书店发展成为人们社会生活的中心，这与星巴克"生活第三空间"的概念不谋而合。1993 年 barnes&nobile 开始与星巴克合作，让星巴克在书店里开设自己的零售业务，星巴克可吸引人流稍事休息而不是急于购书，而书店的人流则增加了咖啡店的销售。1996 年，星巴克和百事可乐公司结盟为"北美咖啡伙伴"，致力于开发咖啡新饮品，行销各地。星巴克借用了百事可乐 100 多万个零售网点，而百事可乐则利用了星巴克在咖啡界的商誉，提高了产品形象。2007 年，星巴克和苹果公司达成了一项合作协议，在星巴克的连锁分店中安装相关设备，iPod 音乐播放器用户和 i-Phone 手机用户都能够在星巴克的连锁店中使用全新的 iTunes 在线音乐下载服务，将咖啡与音乐融为一体。新的服务形式，开创了同领域内的营销先河。

经过多年的发展和出色的经营，星巴克已从昔日西雅图一条小小的"美人鱼"进化到今天遍布全球 40 多个国家和地区，

连锁店达到近一万家的"绿巨人"。星巴克的股价比发行之日攀升了 22 倍，收益之高超过了通用电气、百事可乐、可口可乐、微软以及 IBM 等大型公司。今天，星巴克公司已成为北美地区一流的精制咖啡的零售商、烘烤商及一流品牌的拥有者，它的扩张速度让《财富》、《福布斯》等世界顶级商业杂志津津乐道。

MTV：驱动流行

　　MTV（Music Television）是隶属于美国维亚康母集团旗下的一个多媒体传媒机构，主要由全球 MTV 音乐频道和互联网 MTV 集团组成，维亚康母公司是目前世界范围内最大的传媒娱乐集团之一，而 MTV 无疑是目前全球传媒业最知名的品牌之一。

　　MTV 音乐频道以其独特的个性和包装触动年轻人的感官世界。24 小时不间断的精彩节目令人目不遐接。MTV 音乐频道创立于 1981 年，经过 20 余年的成功经营，已从美国本土延伸到世界各地，包括拉丁美洲、亚洲、欧洲和澳洲等地，一跃成为全球最大的电视网络，覆盖了世界 166 个国家和地区，拥有近 10 亿家庭用户的庞大收视群。

　　MTV 的历史可以追溯到 1977 年，华纳爱美克斯有线电视（Warner Amex Cable）在俄亥俄州哥伦布市，推出了第一个双向互动式有线电视系统"QUBE"。QUBE 提供了许多特殊的频道，其中包括一个专门播放演唱会桥段和音乐性质节目的音乐频道"Sight On Sound"。在这里，观众可以在观看节目后票选他们最喜欢的歌曲和演唱家，流行的音乐加以新颖的经营，使得音乐频道大受欢迎，华纳爱美克斯有线电视也开始将这个频道推销到美国其他地方的电视台。1981 年 8 月 1 日的午夜，这个频道正式改名为"MTV Television"，开始在全国各地播放，成为了一股流行文化现象。

MTV 音乐频道的观众定位是 12—34 岁的年轻人，他们有自己的文化认同和生活方式，追求个性和时尚，向往创意生活，MTV 把握住了这一主流脉络和走向。在 MTV 音乐频道中，可以看到最流行的音乐录像带、拥有年轻脸孔和十足活力的主持人、玩世不恭的台词、对特殊摇滚演唱会的推广以及有关乐团的新闻与纪录片……这些都让 MTV 受到年轻观众的热烈欢迎，并且成为推广新型摇滚乐以及摇滚乐手的领导者。有些认为自己是"真正的音乐家"的人，会将 MTV 视为过度制造无趣的流行音乐，而更有人认为，MTV 驱动了流行文化。

MTV 频道将触角伸向世界各个角落的同时，它通过考察世界各地的文化，细致地划分了频道种类。MTV 跳舞频道便是最有说服力的例子：MTV 通过调查了解到，在进入世纪之初的英国，舞曲已成为年轻人的新宠，并且是音像商店出售量最大的音乐品种，所以 2001 年 MTV 在英国开播了其音乐频

道全球第 30 个成员——MTV 跳舞频道，这也是英国目前唯一以舞曲和舞厅文化为主要内容的频道，显示了 MTV 服务市场的意识和敏感。在把握流行的同时，MTV 还细致地照顾到了观众群的方方面面，将市场细化做到了极致。如，MTV 还关照青年亚文化。非主流音乐谜，少数民族同样拥有自己的 MTV 频道，MTV "X" 频道以播放重金属、硬摇滚为主；而 MTV "S" 则是为美国的西班牙裔年轻人设计，以播放西班牙语的音乐录影带为主，此外，全球第一个宽频服务——MTV 现场直播也在 2001 年 7 月开通。

MTV 音乐频道以满足全球年轻人音乐视听需求自居，它的关键词同"年轻"、"流行"和"全球化"分不开，MTV 多年来一直致力让大众知道它是个充满年轻精神的全球品牌。所以它将当地需求同全球化的标准风格结合，节目上坚持 MTV 式的国际风格，以求在全球获得品牌价值和认同，比如 MTV 东南亚频道中 30%节目的内容为英文流行乐，而主持人在通晓本土语言的同时擅长英语，使得这一频道既有跨文化的共性魅力，又可以获得本地观众的认同。

MTV 互联网集团（MTV Networks）是由多媒体构成的一张"网"，总部在纽约的 MTV 公司，依靠 MTV 音乐频道强大的覆盖力和庞大的观众群，设立了 22 个紧扣音乐频道内容的网站，其中 14 个是面向欧洲、亚洲和拉美的国际网站，通过互联网络的宣传，MTV 公司已成为全球在线音乐娱乐公司的

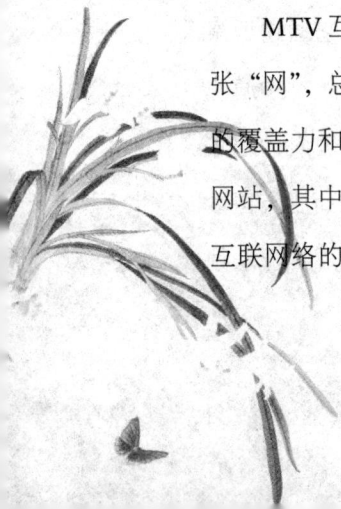

领头羊。MTV 还发行家庭录影带和书籍，以及 MTV 相关品牌消费品，每年 MTV 这方面的"音乐贸易额"已达 400 亿美元。

MTV 之所以能建立起全球范围的强势品牌，同它"无孔不入"多媒体全方位服务密不可分——MTV 没有漏掉一个媒体空隙，它全方位地接触目标消费群，形成了一个方便互动的、全天候的开放平台：人们在电视上欣赏独家首播的音乐录音带，在网上玩 MTV 为他们量身打造的音乐游戏，同其他观众和主持人聊天，下载炫目照片和节目表……电视和网络独有优势、互相补充，使 MTV 代表的年轻流行文化渗透到大众生活的方方面面。

MTV 还利用举办活动等方式多方向扩大品牌影响力。长期以来，MTV 组织了许多前所未有的音乐事件，音乐录影带大奖、MTV 电影奖、MTV 音乐盛典都注解着时下的流行文化。其中音乐录影带大奖，是 MTV 音乐于 1984 年设立的、每年在美国举行颁奖典礼，与"格莱美奖"、"全球音乐奖"并称为国际流行音乐界的三大奖项。MTV 音乐盛典，通过 MTV 亚洲频道可令 7 000 万家庭收看，而通过 MTV 其他的频道，更有 136 个地区的 3 亿家庭可以收看。而在 MTV 纽约总部，可俯视著名的时代广场，MTV 会定期组织在此处进行演出，流行巨星更是走马灯般登场，举行一场场音像俱佳、声势浩大的现场表演，不仅吸引了成千上万的乐迷前往参与，更宣扬了 MTV 引领流行风尚的品牌文化。

维加-西西利亚

西班牙有 160 万公顷的葡萄园面积，是世界最大的葡萄产区之一，葡萄酒产量也居世界前列，如果西班牙没有一款酒入选世界百大名酒之列，定会令酒坛愤愤不平，特别是当维加—西西利亚葡萄酒不能上榜时，此百大评鉴的公信力就有待商榷了。西班牙的佛郎哥元帅曾宣布将维加-西西利亚酒园列为西班牙的国家文化财产，该酒园的历史地位由此可见非同一般。作为西班牙唯一称得上国宝的葡萄酒园，维加-西西利亚酒园所有者将注重细节的精神、尊重历史的态度以及对西班牙文化精髓的深刻理解，成功地灌输到葡萄酒的酿制过程中，因此其出产的葡萄酒具有极好的口感，深受世人喜爱。

西班牙最佳红酒

西班牙仍有世界上面积最多的葡萄种植园，但严酷的生长环境和比较粗放的种植模式，使葡萄总产量少于意大利和法国，在拥有的 600 多种葡萄品种中白葡萄品种占多数，最主要的红葡萄品种是坦普尼罗（Tempranillo），大部分的红葡萄酒都是用它来酿制的。1864 年起，唐埃洛伊·莱坎达从父亲那里继承了一座葡萄园后，他最开始在园中种植的就是西班牙最具代表性的坦普尼罗这一葡萄品种。此外，他还从法国波尔多的葡萄苗圃定购了 1 万多株葡萄树的幼藤，移栽到自己的葡萄园中。当葡萄园发展到一定规模之后，唐埃洛伊·莱坎达开始酿酒，并建立了维加-西西利亚酒厂，但当时酒厂酿造最多的是白兰地，直到 1915 年才开始酿制以酒园命名的瓶装葡萄酒。

在维加-西西利亚酒园成立之初，并不具有像今日的盛名，而是经过了不断的发展改革，1929 年在巴塞罗那的世界博览会上，维加-西西利亚推出的"西班牙最佳红酒"，从此名扬世界。

在打开知名度之后，维加-西西利亚酒园又经过不断的技术改进，终于成就了今日的西班牙王者地位。1962 年，阿尔瓦雷斯家族买下了维加-西西利亚酒园之后，除了不断拓展其家族的葡萄酒王国的营运版图，还逐步提高其出产的葡萄酒品

质。在接下来的几十年，"独一珍藏酒"屡次获奖，成为维加-西西利亚酒园的象征。现在的维加-西西利亚酒园依旧保持着低产量和纯手工的传统工艺，其葡萄酒品质也始终保持着较高水准。

维加-西西利亚酒园最具代表性的产品就是"独一珍藏酒"，这款酒以超长的窖藏时间独步天下，是公认的西班牙的国宝级葡萄酒，很多葡萄酒爱好者提到该酒时都会不自觉地产生敬意。因为该酒除了所用的葡萄坚持低产量、手工采收以及手工拣选外，在酿造技术上还有一套非常精密复杂的过程。

维加-西西利亚酒园的"独一珍藏酒"选用最好的葡萄酿制，如年份不佳宁可废弃一年也不会生产。在较好的年份，葡萄榨汁发酵后被放在大木桶中醇化 1 年，尔后转换到中型木桶中继续储放，醇化 3 年后再转入老木桶中继续醇化 6 到 7 年，装瓶后会还要至少等待 1 到 4 年才能出厂。因此，每一瓶"独一珍藏酒"都必须在 10 年后才会上市。对于某些不是十分理想年份的葡萄虽勉强发酵，或年份虽好但醇化情况不如预期的，维加-西西利亚酒园会延续其窖藏时间直到满意为止，其最长窖藏纪录甚至高达 25 年，而顾客购买这些酒后再保存几十年也毫无问题。窖藏功夫是维加-西西利亚酒园最引以为傲的，因此有人甚至干脆将其名字翻译为"维加-西西利亚藏酒阁"。在西班牙严格的等级管理中，在葡萄酒的酒标上标注最高级别的"特级珍藏"需至少是窖藏 60 个月后上市的，而维

加-西西利亚的"独一珍藏酒"的10年窖藏期已远远超过这个最高等级了。经过10年不见天日的窖藏，维加-西西利亚的"独一珍藏酒"开瓶后接触到空气时，立刻会把积蓄的活力散发出来。

"独一珍藏酒"是西班牙最昂贵的葡萄酒之一，其在上流社会成名极早，英国前首相丘吉尔就对其浓厚口味曾公开赞扬过，教皇约翰·保罗二世把此酒当做私房酒，不过公众对它的认知是在20世纪70年代以后才开始的，当时该酒每年出产不到2万瓶。近年随着葡萄种植面积的扩大，该酒的产量虽有所提高，但每年生产仍是3万到9万瓶不等，而且每年份的标签上都会标明当年产量，使人一目了然。

托 卡 伊

　　在葡萄酒的世界里，匈牙利托卡伊贵腐酒享有独一无二的崇高地位，即便是身在葡萄酒王国的法国人也对托卡伊刮目相看，称赞它是葡萄酒之最。托卡伊贵腐酒被称作"液体钻石"，早在18世纪就成为风靡欧洲各国的宫廷宴酒，甚至成为外交的工具，是各国王室权贵求之不得的稀世珍品。法国国王路易十四曾赞誉它为"王者之酒，酒中之王"，俄国沙皇彼得大帝也视其为至宝，甚至在产地租用葡萄园，还派遣军队驻守，酿成的贵腐甜酒要由骑兵一路护送到圣彼得堡。皇家托卡伊的酿酒工艺更是独步天下，其窖藏周期甚至被写进匈牙利国家法律。为了保持托卡伊经过1000多年而形成的葡萄酒培育传统，2002年托卡伊贵腐酒产区被列入了世界遗产名单……这一切在全世界数以千计的葡萄酒产区中是绝无仅有的，当地传说，

在弥留的人所躺的 4 个床角分别摆上 4 瓶托卡伊贵腐甜酒，会让引领灵魂的天使们都恋恋不舍，托卡伊贵腐甜酒的魅力由此可见。

上帝酿的酒

说到葡萄酒，匈牙利可以说是东欧诸国中最引人注目的葡萄酒生产地，其生产的托卡伊葡萄酒被认为是世界上最优秀的葡萄酒之一。匈牙利首都布达佩斯东北部的托卡伊地区是匈牙利最著名的酒乡，在这一地区酿制的葡萄酒都统一冠以 TOKAJI。如果置身于匈牙利的布达佩斯，无论在餐厅、市场或商店，都会有人热情地劝你来一杯托卡伊或买一瓶带回家珍藏。

世界上最早的贵腐酒就是在托卡伊地区诞生的，比德国的约翰山堡整整早了 100 年，比法国著名的苏玳更是早了近 200 年。1650 年土耳其入侵匈牙利，当土耳其军队迫近托卡伊地区时，正值葡萄收获季节，为免遭劫掠，托卡伊的一位牧师号召葡萄园主推迟采摘，直到 11 月初上冻之前人们才开始收获。原本水灵灵的葡萄因水分收缩已经干蔫，表皮还泛起了一层难看的霉菌。望着干枯的葡萄，人们在无奈之下也只能拿其来酿造葡萄酒了。但令人万万没有想到的是，和用正常季节采摘的葡萄所酿成的酒相比，这一年酿出的葡萄酒味道更加香醇浓

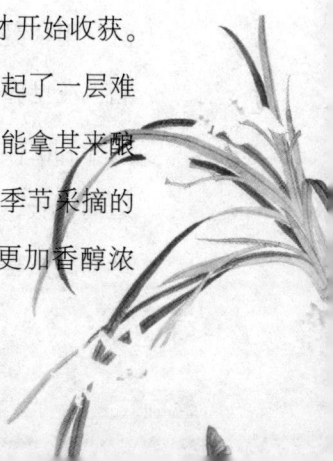

郁。于是，偶然的推迟采摘意外地创造出一种传世佳酿，这就是贵腐酒。贵腐酒只有在特定的气候和环境下才能酿造，世界上能出产贵腐葡萄的地区屈指可数，而匈牙利北部的托卡伊是世界公认的贵腐葡萄酒的最佳酿造地。

托卡伊地区具有独特的地质和地理特征，舒缓的山麓绵延伸展大约 50 公里，火山运动造就了多种土壤，对土壤的生产力、矿物质成分以及热量保存及反射的特性有一定影响。此地气温偏低，年平均温度只有 10℃左右，斜坡、阳光、邻近的博德罗格河和蒂萨河以及漫长的秋季都为特殊的贵腐霉繁殖创造了有利的气候条件。良好的自然生态条件使这里自 16 世纪中期起就成为世界上最卓越的甜白葡萄酒——"托卡伊·奥苏 (Tokaji Aszú)"的产区。

在托卡伊地区，每隔几年便会出现一个有别于以往的独特秋季。每当这种气候降临，已经萎缩的葡萄表面会生出只有托卡伊山麓才有的灰色葡萄孢霉菌，在这种特殊真菌的作用下，葡萄会脱水成为葡萄干，这个过程被当地人称之为葡萄的"奥苏化"。这样独特的年份被成为"奥苏年份"，而在"奥苏年份"用"奥苏化"的葡萄酿出的贵腐酒，才能被称为奥苏贵腐酒，在世界上绝对独一无二。而其酿造工艺和窖藏时间被写进匈牙利法律，数百年来始终被严格限定。因为产量非常少，酿造周期长，奥苏贵腐酒曾作为匈牙利的国宝，被限制出口，其珍稀昂贵程度不言而喻。世界上恐怕没有任何一款酒，像托卡

伊贵腐酒这样充满了偶然性和稀缺性，因此有人甚至称之为"上帝酿的酒"。

托卡伊的复兴

20 世纪中期，由于匈牙利国家政局改变，新的统治者一味追求产量和数量而忽视了酒的品质，同时一些法国和意大利的酒商也以托卡伊之名出产葡萄酒，更是大大降低了正宗托卡伊葡萄酒的市场占有率，使这一古老的名酒渐渐淡出了欧洲葡萄酒的舞台。80 年代，匈牙利开始着手恢复托卡伊葡萄酒的生产与酿造，经过与欧盟的磋商，托卡伊商标的使用权最终归还原产地匈牙利，大面积的葡萄园也重新回到了托卡伊酿造者的手中。

1989 年，葡萄酒界的传奇人物休·约翰逊与人合作成立了皇家托卡伊葡萄酒公司。很多葡萄酒爱好者踏入葡萄酒界时，最开始读到的可能就是休·约翰逊的著作。1966 年，27 岁的休·约翰逊就出版了他的第一本专著《葡萄酒》，开始奠定他在酒类出版物上的权威地位。1969 年，休·约翰逊编著了《世界葡萄酒地图》一书，该书详尽介绍了全世界葡萄酒佳酿产地，曾多次再版，发行量逾 300 万册，休·约翰逊也因此而成为当今世界首屈一指的葡萄酒史权威作家。此外，休·约翰逊还曾经担任过拉图堡的总裁、葡萄酒作家协会主席等职位。

作为葡萄酒的资深爱好者，休·约翰逊对托卡伊葡萄酒的没落深感痛心，为了使托卡伊重见天日，他与人合伙在匈牙利购买酒厂，成立了皇家托卡伊葡萄酒公司，并于1993年生产出了第一批甜白葡萄酒，而这批酒的质量让休·约翰逊信心大增。几年后皇家托卡伊葡萄酒公司以最传统工艺酿制出真正恢复酒中之王风采的"皇家托卡伊贵腐原汁酒（Royal Tokaji Essencia）"，这款琥珀色甜白酒在声望及评价上甚至超越了伊甘堡出产的白葡萄酒，诸多国际性权威酒类刊物上都给予其极高的评价。

国王之酒，酒之国王

贵腐酒其实是由感染上了贵腐霉的葡萄酿制的，这种细菌是一种自然存在的腐性寄生物，它对人体无害，却使甜白葡萄酒美妙无比。在托卡伊的贵腐酒中，最顶级最珍贵的要数奥苏贵腐酒了，早在18世纪时就已风靡欧洲各国宫廷，成为欧洲各国王室必备御酒。法国国王路易十四夸赞其是"酒中之王，王者之酒"，在俄罗斯、奥地利和西欧诸国的宫廷宴会，以及罗马教皇的宴席上，它是用来款待贵宾的必备佳酿。

托卡伊贵腐甜白酒的分等主要是按酒中的甜度而定，甜度越高所需的被贵腐霉感染过的葡萄越多，酿制的时间也会较长。以前采集这些受霉葡萄是以固定容量的木筐来盛载，每筐

的容量约为 25 公斤，采葡萄工人薪酬亦是按采得筐数计算。这种背负式的木筐，匈牙利人称之为"puttonyo"，采集了的葡萄会先被放进大型的木桶内，让葡萄本身的重量压出汁液，这些精华汁液会从木桶底部的孔中流出。要是每一个 136 公升的木桶中混合了 3 筐份量的贵腐葡萄浓汁，就可以看到木桶上标示着"3 puttonyos"。托卡伊的传统酿酒法规定，每混合 1 筐时，就必须在橡木桶中多存放 1 年，所以托卡伊的葡萄酒要依据放入的贵腐莴萄浓汁的数量来决定其存放期。

"托卡伊奥苏贵腐原汁酒（Tokaji Aszú Esszencia）"是托卡伊贵腐甜白酒中的顶级产品，此酒只有在极佳年份才有出产，甜度高达 7 puttonyos 或以上，而且需要达到长达 8 年的存放期才能装瓶上市，因此十分罕有，而且价格昂贵，在最近的 20 多年里就曾先后获得过 100 多次国际葡萄酒大赛的金奖，是当之无愧的酒中之王。

匈牙利的国宝

托卡伊贵腐酒是匈牙利的国宝和骄傲，早在 1737 年，匈牙利皇室就颁布法令，将托卡伊地区列为保护区，成为世界上第一个封闭式的葡萄酒产区。近几年，为确保托卡伊葡萄酒的优异品质，匈牙利对托卡伊地区的自然环境还实行了特殊的保护政策。曾有一家实力雄厚的外国公司准备与托卡伊某部门合

资建造工厂，消息传出后引起了轩然大波，当地葡萄种植及酿酒民众强烈反对，他们递交请愿书，举行记者招待会，直至游行抗议，并最终诉诸于法律，得到全国舆论的支持，最终工厂没有建成。托卡伊用保护国宝的态度保持了"贵腐酒圣地"的品质和地位。

每一瓶托卡伊贵腐酒的瓶颈上都贴有匈牙利国徽，这是最好的品质保证，全世界享有如此尊贵礼遇的也许只有托卡伊贵腐酒了。托卡伊贵腐酒从生产到销售都受到国家严格的监控，每一瓶酒都由国家统一编号，就连酒瓶的形状和尺寸也都由法律强制规定。

托卡伊贵腐酒不仅是匈牙利的骄傲，更是全世界的至宝，音乐家舒伯特曾为其谱写了优美的《托卡伊赞歌》，法国启蒙思想家伏尔泰则赞美说："托卡伊激发我大脑的每一根神经，深入我的心田，点燃智慧的火花和幽默的灵感！"

欧 米 茄

"Ω" 是希腊字母的第 24 个, 也是最后一个。它象征着事物的伊始与终极, 第一与最后, 类似于亚洲哲学中 "暖后意味着最初, 结束亦是开始" 的循环, 代表了 "完美、极致、卓越、成就" 的非凡品质, 世界著名腕表品牌欧米茄以此为名, 正是因为 150 多年的精湛工艺, 铸就了欧米茄的卓越成绩; 150 多年的传统文化, 保持了欧米茄的非凡品质。从 1848 年与瑞士联邦同年诞生到 1894 年以著名的 19 令机芯命名为 "欧米茄", 从 1969 年欧米茄超霸表随着宇航员阿姆斯特朗实登上月球再到 2008 年在北京奥运会第 23 次担任奥运会的指定计时, 自诞生 160 年来, 欧米茄不仅以先进的制表技术记录了时间, 为世人呈现非凡的钟表珍品, 并在体育计时、太空探险、精准科技和产品设计等诸多方面创造了新的历史。

欧米茄在百余年中生产出的钟表始终象征卓越，体现完美，它早已超越了计时本身的含义，代表着"高贵"与"经典"，没有哪个钟表品牌比欧米茄更像个传奇。在电影《007》中，它数次帮助詹姆斯·邦德死里逃生；茫茫太空中，它曾协助拯救"阿波罗13号"的3名宇航员；2008年在北京，它第23次肩负奥运会官方计时的重任。在闪烁的镁光灯下，欧米茄陪伴着世界超级名模辛迪·克劳馥、世界网坛名将库尔尼科娃、德国赛车手舒马赫……之所以有这么多名人选戴欧米茄，缘于其品质和价位的双重象征意义。作为行业的领导者，他们时时刻刻反映着欧米茄的精髓所在——勇于探索、功成名就、温文尔雅、魅力四射。无论是他们的性格、谈吐或举止，都能折射出每只欧米茄所蕴含的典雅气质、缜密心思和辉煌成就。全球各界顶尖人物在各种场合不断告诉大家：欧米茄就是"最佳选择"。

卓越与完美的代表

1848年,在那个欧洲革命如火如荼的岁月里，瑞士联邦诞生了。也正是在这一年漫长的冬季里，23岁的路易斯·勃兰特把从当地匠人手中买下的零部件一件件拼起来，做成当时流行的怀表。当又一个春天来临的时候，勃兰特带着他的表在欧洲各国走街串巷兜售。在他兢兢业业干了32年后，他的儿子路

易·保罗继承了他的事业，并将父亲的钟表厂迁到了人力充足、资源丰富且交通便利的比尔地区。迁址后的勃兰特公司率先开始批量生产标准化零件，组装精密准确，被业界认为是精准时计中的实惠之作，从此钟表业进入了大量生产、分工装配的时代。

对欧米茄而言，1894 年是改变命运的一年——以革新的分拆组合模式研制出 19 法分机芯。当时一个银行家把这个大获成功的机芯命名为 OMEGA，也就是希腊字母的最后一个，从此表明这种机芯有着完美的表现。这款机芯在 1896 年瑞士日内瓦国家展览会上被授予金质奖章，并获纽沙尔特、日内瓦和特丁顿天文台签发的天文台证书。为纪念这个成就，OMEGA 从此成为这一品牌的正式名称。

欧米茄的历史上有无数里程碑式的杰作，包括世界上第一只能够报时、报刻、报分的三问报时表、世界上第一款潜水表、第一只中置舵飞轮手表……由于其精确可靠的计时功能以及无以数计的伟大发明，使其广受好评，并在各类体育赛事中充当计时工具，因此获得奥林匹克荣誉功勋，还被确定为美国宇航局指定计时器。只有精良的工艺才能成就这样的品牌神话，而欧米茄的材质和零件都必须通过严格的品管检测，以确保其完美无瑕。大多数的欧米茄机芯要被送至瑞士官方天文台表管制局，经过 16 个昼夜，在 5 种不同位置及 3 种不同温度下的严格测试后，方可获官方天文台表精确证书。每一只手表

的防水性能均须在实际温度和压力情况下单独检测。此外，金属表链亦需经检验测试是否坚固舒适。最后，制表大师还要以专业眼光彻底检视每一只即将出厂的新表。

今天，在人们的眼里，欧米茄就是"经典"和"高贵"的代名词，然而大多数人并不知道，这个在钟表业中创立了150年辉煌历史的经典品牌也曾经面临过一次灭顶之灾。20世纪的七八十年代，日本的电子石英表给瑞士的机械表带来了致命性的打击。此时，每一个曾经辉煌的瑞士表品牌都开始重新思考自身的定位——是低下高贵的头与日本表抢夺质优价廉的电子表市场，还是维持贵族风范，把握高档表市场的份额？这是瑞士钟表业的最后一搏，欧米茄选择了后者。对于欧米茄来说，"历史"与"文化"是打赢这场生死战的利器，也使得欧米茄稳占表坛的领导地位，创造了无数骄人的成就。

如今的欧米茄在瑞士的钟表生产量仅占4%，但却牢牢掌握了高档表市场，成为全球销量最好的高档表品牌之一。欧米茄拥有世界著名的四大系列产品：其"超霸系列"成为美国太空总署载人太空任务指定计时器；"海马系列"曾陪伴美籍探险家毕伯潜至14米深的海底；典雅的"碟飞系列"装配有同轴擒纵机芯；"星座系列"则网罗了各式时尚男女喜爱……各个领域，各种款式，欧米茄仿佛无所不能，无所不在。

1965年的3月1日，欧米茄瑞士总部突然接到来自美国宇航局的通知，宣布欧米茄"超霸系列"表成功通过严格测

试，入选太空任务指定用表。这对欧米茄来说是个意外的惊喜。在制造商一无所知的情况下，瑞士生产的欧米茄是怎样在一组精选出来的手表中被美国宇航局选中，这本身就是一个传奇事。而对于欧米茄来说，故事才刚刚开始。当喜讯刚一传到瑞士总部，欧米茄立即把"超霸系列"更名为"超霸专业系列"，以专业太空计时形象出现。1969 年 7 月 21 日，"阿波罗 11 号"登上月球，宇航员阿姆斯特朗被誉为"第一个登上月球的人"，他佩戴的欧米茄超霸表则记录下格林威治时间 1969 年 7 月 21 日 2 时 56 分人类登上月球这一历史时刻。此后，欧米茄的广告开始宣传"欧米茄是第一个登上月球的手表"。正是这一活动使欧米茄跃居为全球最显赫尊贵的钟表品牌。

1970 年 4 月 17 日，"阿波罗 13 号"由于发生爆炸，毁坏了整个计时系统，当时唯一赖以与陆地上对时的，只有宇航员腕上的欧米茄手表。美国前宇航员彼得·斯坦夫特后来回忆说："在所有的太空任务中，一切要有严格的时间来计算。'阿波罗 13 号'舱体爆炸时我们正在返回途中，我们的电源极其有限，唯一的电源是收音设备，没有时间，一切都需要手动。我们不得不瞄向地球开动引擎，通过欧米茄表来测量返回地球的分分秒秒。引用一句欧米茄公关人员的话来说，'人类要征服太空要掌握时间、利用时间和把准时间'。"

这款欧米茄"超霸表"的精确计时，使飞船在零点几秒之

内准确点燃火箭，进而回到地球轨道，安全返回。欧米茄因此而荣获美国宇航局颁发的最高荣誉——史努比奖。如今这个来自美国宇航局的宝贵的史努比奖被设计在欧米茄"超霸月球表"的后盖上，以纪念那段骄傲的宇航历险，而那飘浮的宇航员模型也出现在世界各地的欧米茄专卖店里。

20 世纪 70 年代早期，欧米茄"阿拉斯加计划"小组开始着手为欧米茄"超霸月球表"研发一个独特的外表壳，目的是使其可以抵抗外太空的极端温度对手表所产生的影响。在同一时期，美国宇航局正在考虑探索月球的可行性，并要求欧米茄公司要确保"超霸月球"表在太空的极端温度之下运行仍能准确无误。事实证明，美国宇航局在事后宣布：欧米茄超霸腕表的表现一如既往，堪称完美。它满足了宇航员的所有需要。欧米茄"阿拉斯加计划"的伟大成果——带有红色涂层的外表圈原型仍存在于世。在 2007 年 4 月欧米茄所举行的拍卖会上，此见证登月历史的经典之作的拍卖价达到了 64900 瑞士法郎。

欧米茄超霸系列最新推出的专业 X-33 多功能表又开始向着火星迈进，成为俄罗斯"和平号"太空站宇航员佩戴的时计，欧米茄又一次开拓了人类征服太空的新纪元。

雷　　达

　　岁月流过，时间悄然改变了周围的一切，但是，时间的流逝也考验了恒久的价值。不是所有的事物都可以用"恒久"来加以形容的，需要经过岁月的流逝和时间的洗炼方可幸存。雷达表以不易磨损的材料和经典的设计展示出一个永恒的主题：时间改变一切，唯独雷达表永远不变!

不易磨损手表的开创先锋

　　1917 年，史路普兄弟二人在瑞士莱思纳奥小村的家中设立工厂后，一直默默无闻地生产着手表机芯。l957 年，在作为钟表供应商 40 年后，史路普兄弟终于推出第一个以"雷达"为名的产品。20 世纪 60 年代是黄金和钢质手表的天下，然而

这些金属制成的手表佩戴几天后大多就会出现刮痕，需要不断地重新抛光新。当时雷达表的一位设计师注意到用于工具制造和高科技领域的钨钛和碳化物组成的硬金属具有很强的抗磨能力，于是他建议将这种高科技硬金属用在制造手表上，得到了雷达表当时的总裁保罗·吕蒂的支持。1962 年，随着全世界第一只不易磨损手表——椭圆形的"钻石星（DiaStar)"的推出，雷达表在强手如林的瑞士钟表业中脱颖而出，此后这一品牌便一直与由不易磨损的材料制成的具有个性化设计的手表联系在一起。

作为不易磨损手表的开创先锋，雷达不遗余力地不断寻求新的突破。当其他品牌还在用金、银或钢等一般材料制造手表时，雷达表已选用超前的材料如硬金属、蓝宝石水晶、高科技陶瓷、高科技镧或者高科技钻石等一系列高科技物料进行手表制造，在过去数十年中陆续推出令腕表业惊叹的系列，从符合人体学的"钻星拱形系列（DiaStar Anotom)"到在意大利获得设计大奖殊荣的"精密陶瓷系列（Ceramica)"，从以高科技陶瓷创制的螺旋形的"赛瑞克斯（Cerix)"到设计新颖的"银钻系列（Sintra)"，从省略了表冠以达到手表外形极为完美的"依莎（è senza)"到世界上最坚固的 V10K 表，每一款雷达表都毫无虚饰、线条明晰、时尚现代、纯净无瑕，无论是材质还是设计，都是独特的，也是能经历时间考验的，这就是雷达表追求的恒久之美，也是构成这一品牌不可缺少的元素。

每一只永不磨损的雷达表从选材到制作完成要经过 100 多道工序。它们的表盘所选用的材质是不易磨损的蓝宝石水晶，制作时，首先要把蓝宝石水晶加工成凸面的弧度造型。从烧结蓝宝石、切割水晶到打磨、研磨、磨面及抛光等，大约要经过 60 道工序才能制成服帖在手腕弧度的拱形水晶片。这一切完成后，还要经过 40 道高度精密的"敷金"工序，在密闭的真空实验室中用蒸汽将超薄金、铬双色条层加在水晶下面，为雷达表赋予独一无二的光辉亮泽。最后，采用先进的装配技术将水晶盘面与内置机芯的表壳牢固地结合在一起。直到这时，一只轻巧纤薄的雷达表才算制造完毕。凭借精湛先进的科学技术，雷达打造出一个永不磨损的传奇，每款雷达表诞生之时起即被赋予了在材料的使用与设计上坚持不懈的革新与挑战自我，经过精心制造而成的雷达表就像我们的老朋友一样永远守护着我们，不必担心其会因时间的流逝而失去最初的光彩。

关于时间的玄想

时间是什么？时间从哪里来？时间又要到哪里去？时间为什么总是永无止境地流逝？当德国著名设计师魏纳·萧普一边思考着这些问题，一边无意中在纸上画出了一个螺旋形后，忽然得到灵感，一款崭新的腕表就此诞生。这款名为"赛瑞克斯"的腕表呈平面的螺旋形状，分成完全对称的两半，一半是

灰色，一半是黑色，分别由方形和圆形组合，旋转向两个方向，黑色的陶瓷表带像黑色夜空般寂静，仿佛是时间隧道上的两条道路，蜿蜒向远处伸展，每一节表带都精确地倾斜一点点，慢慢向一个集合点平滑地流去，又仿佛是两泓晶亮的黑泉，流向时间的深处。

当魏纳·萧普把设计草图呈现在雷达表公司面前时，立即引起争议。经过材料专家和制表工程师研究制作这一表款的可行后，又请市场推广专家预测市场前景，最后雷达表公司毅然决定制造"赛瑞克斯"表。这款腕表去尽奢华，没有钻石，没有时间刻度，没有秒针，连品牌标识也悄悄退居在不起眼的边角处，展现了一种极致的简约之美，无色、无声、无形，日夜交替、年轮转换、永无止境的时间显现于一寸方圆……萧普选择了螺旋形的图像，是要把永不停歇的时间凝固在一个特殊的平面上，时间的永恒在萧普笔下一瞬间变得十分地具象。"变化"的无穷和"静止"的永恒，古老的哲学和现代的理念，在一个不足方寸的小表盘中被发挥得淋漓尽致!

手表原本是一种计时的功能用品，但是对"塞瑞克斯"而言，它完美的设计已经把一种哲学的理念具象化，通过外在的形式表达了内在的完美，于是它就变成了一种表达信念的符号，一种生活态度的体现。从"塞瑞克斯"开始，雷达表所代表的"时尚"，已经脱出通俗的"时尚"的窠臼，成为一种文化意义上的"前卫"。

巴 宝 莉

　　巴黎的典雅、米兰的浪漫、纽约的简约与伦敦的前卫，构成了当今世界时尚界的四大主题。作为英伦最古老的高级成衣品牌，巴宝莉一直深受人们的欢迎，尤其是那些前卫时尚的年轻人。巴宝莉被时尚界公认为真正展现英国生活方式的品牌，它经典的格子图案更是一种时尚的象征。这种由浅棕色、黑色、红色、白色组成的三粗一细的交叉图纹，不张扬、不妩媚，自然而然地散发出成熟的韵味，体现了英国的传统文化。

一件风衣的传奇

　　曾有这样一种说法，英国的巴宝莉、意大利的普拉达和法国的路易·威登是顶级品牌的三剑客，英国巴宝莉浓郁的贵族

风情，让人不免想到英国皇室的气派贵族品位，而英国皇室最喜欢的服饰品牌就是巴宝莉。英国人有穿风衣的习惯，即使在寒风细雨之中也不爱撑伞，宁愿穿一件风衣。这并不是英国人的怪癖，而是一件遮风挡雨的风衣更能尽显其在迷蒙雾雨之中优雅的生活状态。而提起风衣，可能许多人最先想到的就是巴宝莉，巴宝莉被时尚界公认为真正展现英国生活方式的品牌，其生产的时装弥漫着英式情调的浓郁味道，同时也将浓烈的英国贵族色彩展现得淋漓尽致。

1856 年，21 岁的托马斯·马宝莉在英格兰汉普郡的贝辛斯托克开设了一家户外服饰店，以其家族姓氏命名。一次偶然间，他发觉当时的牧羊人身上穿的麻质罩衫竟有冬暖夏凉的奇妙特性，便决定从中取经。经过几番研究，托马斯·巴宝莉于 1879 年以独特的手法制成了一种防水、防皱、透气耐穿的布料，当时他给这种布料起名为 "gabardine (轧别丁)"。1901 年，托马斯·巴宝莉用 "轧别丁" 设计出第一款风衣。第一次世界大战爆发后，巴宝莉风衣被指定为英国军队的高级军服，在设计上改为双排扣、肩盖、背部有保暖的厚片，并在腰际附上 D 形金属腰带环，这样的修改是为了便于收放弹药和军刀等。后来这款军用的制服被军官带到民间社会，迅速流行，这款实用功能至上的风衣成为英国人防风抵雨的 "武器"。除了风衣之外，托马斯·巴宝莉还用 "轧别丁" 这种防水、透气、耐磨的斜纹布生产了高尔夫球衣、滑雪服等和户外及天气有关的运动

服、不过直到今天巴宝莉制作轻便、防水服装的方法仍是个秘密。

巴宝莉代表着一种崇尚品位的生活艺术，始终保持一贯优雅自然的韵味。然而并非所有的知名品牌都是一帆风顺，平稳发展的，巴宝莉也曾经经历过一段低谷阶段。20世纪60年代，一陈不变的经营模式让巴宝莉在接下来的30多年里，业绩平平。到了1997年，巴宝莉已经濒临亏损的边缘，很快就要支持不下去了，这时罗丝·玛丽·布拉沃担任了公司的CEO，一支新的管理团队给巴宝莉带来了新的面貌。

在布拉沃看来，传统巴宝莉品牌只有雨衣、雨伞和领带等几款产品太过保守，它的品牌附加值和衍生价值根本就没有被挖掘出来。经过一系列的调整，布拉沃几乎将巴宝莉品牌扩张到了每一个能涉及到的产品种类，还将巴宝莉品牌分裂成好几个个性极其鲜明的副品牌，不过并没有让巴宝莉的"著侈"有丝毫的损伤。新的产品设计、新的产品序列以及与众不同的宣传，在布拉沃的领导下，巴宝莉在品牌延伸中得以幸免于难，并且喜获重生，再攀业绩高峰。2000年和2001年，巴宝莉分别获得了英国时装理事会古典和现代两个设计系列的大奖。

尽管在怀旧与创新兼具的今天，巴宝莉在世界各地都设立了分厂，但人们依旧迷恋来自英国本土的巴宝莉产品，比如巴宝莉的Burberry Prorsum和Burberry London这两个最顶级系列都在英国当地生产。Burberry Prorsum为巴宝莉最高端的产品，

是高贵经典的代表；Burberry London 则是巴宝莉在全球范围内的核心品牌，代表的是巴宝莉一贯以来经典的英伦生活方式和风格，同时也是一个适合于各个年龄层的系列。

第一个到达南极的品牌

1911 年，巴宝莉开始扬名世界，而这一切都要从挪威探险家卢阿尔·阿蒙森说起。罗阿尔·阿蒙森出生于挪威南部的萨普斯堡，他原本打算从医，后来决定献身于极地研究，他曾经在一艘航行于北极海域的商船上工作过，还曾经以大副的身份参加了"贝尔吉克号" 1897 年至 1899 年在南极首次越冬的探险。

1909 年 9 月，在听到美国人罗伯特·尔里和弗雷德里科·尔里和弗雷德里科·库克抵达北极的消息后，阿蒙森遂决定推迟探索北极，并同时争取在罗伯特·法尔康·斯科特之前抵达南极，而这时斯科特已经率领一个大型远征队出发了。阿蒙森于 8 月份驾驶由南森提供的"前进号"向南出发，这艘船装备了风帆和一个 13 匹马力的引擎，还有从巴宝莉服饰店购买的帐篷和风衣等。

凭借以往积累的经验，阿蒙森对自己的探险之旅充满信心，他先是在鲸湾安营扎寨，这里与斯科特的出发地点麦克默多海峡相比，距离南极更近。不过，鲸湾与南极之间的地形尚

无人知晓，而斯科特却可以沿着他的英国同胞沙克尔顿 1908年标明的路线前进。当阿蒙森与 4 名伙伴、4 部雪橇和 52 条极地犬于 1911 年 10 月 19 日离开营地时，他的目标只有一个：尽快到达南极。这项任务在两个月之后完成，阿蒙森比斯科特和他精疲力竭的队员们提前了 5 个星期，当斯科特抵达南极时才发现阿蒙森的旗帜正在空中迎风飘扬。

卢阿尔·阿蒙森成为了世界上最早抵达南极点的人，而他所装备的户外用品和服饰均是巴宝莉。为了向后来者证明自己完成了这次探险，阿蒙森在南极特意留下了一个巴宝莉的斜纹布帐篷，巴宝莉品牌也因此而一举成名。在阿蒙森到达南极后，爱尔兰人欧内斯特·沙克尔顿决定首先横穿南极大陆，而他的探险队使用的也是由巴宝莉生产的户外产品。

最著名的格子

1924 年，巴宝莉注册了它的著名标志：格子图案。这种由红、白、黑、浅棕四色组成的格子图案，当时被巴宝莉用在了风衣内衬上，后来几乎成为了巴宝莉的同义词。1955 年，巴宝莉获得了由伊丽莎白女王授予的皇家御用保证徽章。红、白、黑、浅棕三粗一细组成的格子图案，逐渐成为英国民族文化的象征之一。20 世纪 60 年代，巴宝莉方格才正式走到了前台，它受欢迎的程度让人始料未及，出现在《蒂芙尼的早餐》

和《克莱默夫妇》等很多热门电影里，巴宝莉也因此成了世界顶级时装品牌。

格子之于英国，如同旗帜徽章之于意大利，在英国被称为Windows，是家族标志的象征。不同大小不同颜色的格子代表不同的村落、地方或家族。这也许要归功于英国国王乔治四世，他穿着苏格兰格子巡视了苏格兰，并且宣布"让所有英国人都穿着自己的格子"，英国人开始纷纷为自己的姓名设计格子图案，如今在英国的知名格子注册中心注册的格子已经数以千计了，不过巴宝莉格子无疑是其中最有名的格子。如果哪天你的格子情绪无法控制而四处蔓延，身边的衣服、鞋子、围巾甚至雨伞都无一例外地打上格子烙印，你还是觉得不过瘾，想把性格也用格子框起，规规矩矩、不偏不倚，那就只有巴宝莉可以供你肆意宣泄，它的英伦风范将彻底解决你的恋"格"情结。

古　　驰

　　古往今来，意大利的、欧洲的乃至世界各地的艺术精髓都在佛罗伦萨得到了充分的继承与发展，并潜移默化地渗入到佛罗伦萨的各行各业甚至日常生活之中，为当地传统的手工制作如制革、服装业的发展奠定了坚实的艺术基础，古驰这个著名的国际化品牌就是在此造就的。怎样的基因保证古驰血脉的纯净？觥筹交错的名利场中，什么才是通行的法则？任何人在面对古驰时，那多年引以为傲的知性、自以为已经修炼到不错的从容，都斗不过它所引起的失衡。这种效果是由古驰数代大师们几十年来辛苦经营造就的，他们使尽手段就是要达到一个目的：在古驰面前，人人不平等。

新世纪的流行指标

1898 年，年轻的古奇欧·古驰怀抱着梦想来到英国伦敦，并在一家旅馆谋得一职，虽然那不是他最满意的工作，但他却因此而了解了当时上流社会的人们的喜好。几年后，古奇欧回到意大利佛罗伦萨，并在那里开了一家专门卖行李配件和马具的小店。1921 年，古奇欧开始尝试把自己的名字印在他所出售的商品上，没想到这一印记竟然成为世界时尚界最著名的标志之一。1937 年，古驰首次推出系着马匹的马术链，以表达它对 20 世纪初意大利马术时代的缅怀，从此大受欢迎。至今，古驰镶有马术链的休闲鞋仍是鞋类历史上的一个典范，今天在美国大都会博物馆就收藏有这样一双鞋。

古驰创业之初，一直走的是贵族化路线，作风奢华且略带硬朗的男子气概。随着业务的进一步发展，1938 年，古奇欧·古驰在罗马开设了一家分店，第二年他的儿子也加入到家族的生意中。1947 年古驰竹制手柄的竹节包问世，接着，带着创办人名字缩写的经典双 G 标志、衬以红绿饰带的帆布包和相关皮件商品也陆续问世，古驰的声誉已如日中天，和路易·威登并列成为世界上最常被仿冒的品牌。

1953 年，古奇欧·古驰逝世的消息让很多人陷入了悲伤之中，但让大家觉得庆幸的是古驰并没有停滞不前。这一年古驰公司的纽约分店开张，它标志着古驰开始向全球市场出击。20世纪60年代，随着古驰在伦敦、巴黎和佛罗里达棕榈滩分店的成立，这个代表时尚与品位的意大利名牌在世界最主要市场站稳了脚跟，到20世纪60年代末，"双G"正式成为古驰的品牌标识，并且在奥黛丽·赫本等明星的帮助下进入了好莱坞的市场。古驰为格蕾斯·凯丽设计的植物花卉丝巾曾风靡一时。

20世纪70至80年代，由于市场上无法抑制的冒牌货让古驰的销售受到了极大的影响，从此古驰进入了艰难的时期。古驰新的命运转折点主要由于一位重要人物的出现，他就是汤姆·福特。汤姆·福特成为古驰的设计师后开始对其进行重新定位，他一改古驰过去的华丽风格，让颓废和感性大行其道，并注入性感的基因，使古驰至今仍被誉为最性感的品牌。"性感"历来就被设计师们从许多不同的角度诠释着，但不可否认，由汤姆·福特创造的古驰的"性感"是其中最令人难忘的。

2004年，当汤姆·福特离开古驰时，芙瑞达·基阿尼尼接过汤姆·福特的接力棒，这位不平凡的女设计师带领古驰这一奢侈品牌步入一个新的时代。她使古驰放弃了名流路线，但这并没有背离古驰的精神，只不过从前古驰在优雅之外多了一份亲和力。芙瑞达·基阿尼尼曾经公开表示："我还会继续保持古驰的'性感'，但不会以那么夸张的方式。我会将'夸张'二字从古驰的词汇表上一笔抹去！从豪华轿车中跨出来的女人，这些想象中的女性形象在我看来并不是真正购买古驰的女

人希望获得的形象，那种更自信、充满乐趣好奇心的女人更容易把我打动。"所以，今天的古驰似乎表现出了更强的可穿性，20 世纪 90 年代这个品牌建立起来的那种危险诱惑的形象宣告结束了，明朗健康的形象已经成为古驰的主旋律。

不管古驰如何变化，似乎都没有人纠缠于还要不要买古驰的问题，至少在高级成衣纷纷在第三世界国家寻求加工的今天，始终坚持百分之百意大利制造的古驰一直以高档、豪华而闻名于世，以"身份与财富的象征"品牌形象成为富有的上流社会的宠儿。许多时尚名人、好莱坞大明星都是古驰的忠诚拥戴者，包括麦当娜、玛莉亚·凯莉、葛妮·斯派特罗、伊丽莎白·泰勒、布莱德·彼特和汤姆·汉克斯夫妇等，《纽约时报》就曾对古驰风靡世界这一现象作出评论：有钱阶层和飞机头等舱的乘客，为了展现自己的"品位"，为了符合自己的身份，出门一定离不开古驰的行头，就连在飞机上睡觉用的遮光眼罩，也赫然印着古驰银色的标志。今天的古驰，俨然是新世纪的流行指标。

古驰家族的故事

1953 年 11 月 15 日，72 岁的古奇欧·古驰突发心脏病，倒在盥洗室的地板上离开了人世，之后一场浩大的遗产争夺战开始了，兄弟相残，逃税入狱，古驰家族中一幕接一幕的斗争越演越烈。马丁·斯科西斯这位拍摄了黑帮影片《纽约黑帮》的意大利裔名导，对古驰家族的成名史极有兴趣，他甚至将这个纵横全球服饰界近一个世纪的家族的故事改编成电影，搬上大银幕。

在20世纪60年代，古驰的掌权人主要是艾杜·古驰和罗多佛·古驰，其中艾杜负责古驰美国公司，罗多佛坐阵意大利母公司兼顾发展欧洲分店，兄弟之间在各自的"领地"内相安无事。罗多佛·古驰的儿子莫里吉奥从小是个听话的孩子，母亲早亡，随严厉的父亲一起长大，但长大后为了能和深爱的女孩派翠吉雅在一起，他第一次违背了父亲的意愿，甚至不惜与父亲断绝关系。莫里吉奥深深迷恋着派翠吉雅，甚至在第二次约会时就向她求婚。他们的婚礼定在1972年10月举行，当时古驰家族没有一个人来参加婚礼，莫里吉奥的父亲罗多佛甚至去求助于米兰的红衣主教，请求他阻止儿子的婚礼。

由于父亲的激烈反对，直到与派翠吉雅结婚两年后，莫里吉奥才重新回到古驰家族。为了制约艾杜在美国公司的独断，罗多佛将莫里吉奥派到美国，名为辅佐伯父，实为平衡权力。明白弟弟的良苦用心之后，艾杜立即以其人之道还治其人之身，把自己的二儿子保罗安插到佛罗伦萨总部。此后，古驰家族的成员因财产问题屡屡对簿公堂，在20世纪70年代古驰的发展势如破竹时，其家族内部的纷争越来越激烈，为了取得公司的控制权，莫里吉奥和他的伯父及其3个儿子展开了激烈的

争斗。

1989 年，在纽约召开的家族董事会上，艾杜在全无防备的情况下被莫里吉奥夺去权力。然而莫里吉奥是个华而不实的空想家，除了拥有古奇家族的血脉之外，他在任何方面都一无是处，在掌管古驰后，他开始按照他的设想发展家族产业，此时他与派翠吉雅的婚姻早已出现裂痕。1991 年秋天，莫里吉奥提出离婚时，其家族产业由于他的领导失误已亏损近 3000万美元。在古驰投资集团的其他负责人的迫使下，1993 年 9月 23 日莫里吉奥不得不售出了自己全部的古驰股份。然而，正当他准备开始新的人生的时候，1995 年 3 月 27 日的清晨，他的前妻派翠吉雅以 6 亿里拉杀死了他，此后，古驰家族所有成员也各奔前程，再也无人出现在公众视线里。

爱斯卡达

　　香水是时尚的特定符号，不论潮流如何变化，它都是不可或缺的时尚用品。由于与服装业有着紧密的联系，爱斯卡达的香水会随着品牌每年的流行趋势而不断推陈出新，当我们将其一款香水据为己有时，也自然而然地接受了它所代表的最时尚的流行概念。这个源自一段传奇爱情的香水品牌，它的诱人魅力不仅是让我们可以愉悦自己和他人，而且会给于我们一种属于原始感官上的直觉体验。作为引领现代生活的时尚指标，爱斯卡达对于香水文化的挖掘和演绎已达到了登峰造极的阶段，它的丰富性和个性化令每一个闯入其香水王国的探香者都能找到自己的所爱，都能够尽情体会到前所未有的愉悦。

诱惑与魅力同在

1976 年，德国女设计师玛格蕾斯·莱伊和丈夫伍尔夫·莱伊于在慕尼黑创立了一个时装公司，爱斯卡达这一品牌从此诞生。作为一名设计师，玛格蕾斯·莱伊坚信仅靠创造力是无法成功的，还应在新颖的创意与强烈的市场意识之间寻找平衡点。凭借对时装潮流的最好的领悟能力，巧格蕾斯·莱伊一次又一次地将自己的绝佳创意与生活实用成功地融合在一起，从而塑造出爱斯卡达品牌简洁洗练的鲜明形象。

除了时装外，爱斯卡达也一直致力于开拓世界顶级香水产品，1990 年推出的与品牌同名的"爱斯卡达"女用香水充满了感性色彩，其香水瓶是手工制作的心形，并饰有镀金的曲线字母纹饰，可以说是高贵、典雅与温柔的完美融合，一直十分畅销，成为爱斯卡达在香水事业中的奠基之作。

爱斯卡达向来以出品优质的淡香水著称，而且在每年其德国幕尼黑总部会从当季服装中选出一个主题作为中心概念，相应推出一系列优质淡香水。这些香水都是从其品牌服装布料的材质与颜色出发，进行设计香水瓶身与包装，香味则以各式花果调为主，在服装发表后的 5 个月内完成上市，而下一款出现的时候前面的就被替换下来。这个传统是从 1993 年的"雪纺果汁冰（Chiffon Sorbet)"和 1994 年的"普罗旺斯之夏 ummer

In Provence)"开始的,这种独特的香水生产风格使其得以在竞争激烈的香水市场中立于不败之地,也赢得了诸多消费者的青睐。

爱斯卡达旗下的男士香水不多,只有与品牌同名的"爱斯卡达"、"电光火石(Magnetism)"和"休闲周五(Gasual Friday)"等,而爱斯卡达的女士香水以花香和果香调为主,"阳光花园(Jardin de Soleil)"、"热带风情(Tropical Punch)"、"性感香迹(Sexy Graffiti)"、"情定夕阳(Sunset Heat)"等女香将女人的风韵描绘得淋漓尽致,正如爱斯卡达品牌创始人伍尔夫·莱伊先生所说:"现代优雅女性如要把自己享受生活的态度展现出来,非爱斯卡达莫属。"

不论是爱斯卡达的女用香水还是男用香水,都具有着浪漫的贵族情调,有内外兼修的底蕴,从瓶身设计到香水散发的气息都充满着致命的吸引力,时而含蓄内敛,时而艳丽妖娆,诱惑与魅力同在,令人爱不释手。多年来,虽然香水品牌此起彼落,但爱斯卡达却傲然屹立,被誉为"永恒之爱的化身",为我们的生活增添了美丽的色彩。

一次浪漫的邂逅

几乎每个深入人心的香水品牌背后都有一个神奇动人的故事,而爱斯卡达这个卓越品牌是由一次浪漫的邂逅所成就的。

该品牌的创始人玛格蕾斯出生于瑞典，她天生丽质，相貌出众，20世纪50年代开始在维也纳当模特，后到了慕尼黑，在这个城市她遇到了才华横溢的伍尔夫·莱伊，二人一见钟情，相识一个月后便结了婚。据说这对伉俪有一次参加赛马时看中了一匹叫爱斯卡达的纯种爱尔兰良驹，于是在它身上下注，结果赢得头彩，于是玛格蕾斯·莱伊便将自己设计时装品牌命名为爱斯卡达，一个著名的国际时装品牌就这样在1976年诞生了。

多年的模特生涯使玛格蕾斯·莱伊形成了对时装的独特见解，因此她总能尽善尽美地设计出各种颇受消费者喜爱的服装款式，而伍尔夫·莱伊持有工商管理硕士学位，在他的经营管理下，爱斯卡达公司的产品销售、生产与推广都十分顺利，夫妻二人齐心合力，使爱斯卡达成为时尚界中一个重要的奢侈品牌。

1992年，玛格蕾斯·莱伊因癌症去世后，伍尔夫·莱伊从此再未爱上别人，因为他对妻子的爱从来没有停止过，他把自己的怀念寄托在爱斯卡达的每一瓶心形香水里。虽然这对夫妻没有孩子，但有了爱斯卡达这一经典流传的品牌就足够了，那是他们纯洁的爱情最好的延续方式。因此，有人说爱斯卡达香水是人类渴望爱情的象征，其清新甜美的味道给人带来愉悦的感觉，拥有它也就拥有了无限的爱情魔力。